좁쌀 10알로 일군 살림
김두형
1915.09.15-1995.06.25

한누리미디어

적은 돈을 아끼고 큰 돈을 보람있게, 헌 것을 활용하면서 새것이 유지됨을 일상으로 보여주면서 신의와 성실, 근면으로 가정을 일군 규집圭集 김두형金斗亨 님은 1915년 부父 문보文輔 김창병金昌柄과 모母 경주인 김간동金艮洞의 장남으로 예천군 보문면 미호리에서 태어났다.

1937년 전주이씨 희령군熙寧君의 18세로 영남에서 뛰어난 선비로 알려진 동운桐雲 이순행李淳行의 장녀 내간체의 달인 이원녀李源女와 혼인하여 슬하에 3남 2녀를 두었다. 소신의 공직자, 탁월한 영농인으로 가난을 극복하여 가장으로서의 모범을 보였다. 유신체제의 어두운 시대에 장남이 장기간 투옥되어 가족이 풍비박산이 되고 온 세상으로부터 격리된 고립무원의 상태에서도 인간의 한계를 극복한 굳센 의지와 흔들림 없는 일상의 삶으로 가정을 지키고 아손兒孫들을 훈도薰陶로 길러낸 규집圭集 김두형金斗亨과 부인 이원녀李源女의 삶은 후손들의 영원한 전설로 남을 것이다.

좁쌀 10알로 일군 살림
김두형
1915.09.15~1995.06.25

아버지 김두형(46세)

어머니 이원녀(전주이씨)

21세의 아버지

26세의 아버지

미호동 재종숙(토께아저씨) 댁에서 다정한 모습을 보이신 아버지와 어머니

넘치는 유머와 근엄하신 아버지, 정숙하고 조용하신 어머님은 긴 여행 중에도 조금도 흐트러진 자세를 보이지 않으셨다.

차례

13	**Ⅰ. 아버지의 꿈은 소박했다**
16	부주전상서의 회한
19	난파선의 선장이 된 아버지
21	가정을 일으킨 할머니와 손자
24	봉화 금정광업소 채광계 감독
26	예천군 농회 기수보로 전직
28	6.25 피난길
30	외할머니와의 피난길 해후
33	피난길에서 환향길로
35	공직에서 독농가로 변신
36	문전옥답, 농우와도 맞바꾸는 아버지의 교육열
38	다시 공직으로
42	언제나 한결같은 김두형 계장님- 사)백촌한국학연구원 김녕 김봉균
47	난파선을 구한 아버지
50	어둠은 빛을 이기지 못했다
52	사회활동을 재개하시다
54	아버지, 어머니의 비문
55	영원한 안식처 영침원
56	김두형 연보
58	아버지 가계
59	어머니 가계

61	**II. 아버지의 유고**	
89	**III. 그의 흔적, 우리의 이야기**	
90	어버이의 자식사랑	- 장자 시우
93	나의 시아버지와 시어머니	- 맏며느리 신종갑
98	아버지의 방식	- 차자 시백
100	아무에게나 큰절하지 마라	- 막내 시열
102	나의 할아버지	- 큰손녀 윤선
105	할아버지의 유산	- 둘째손녀 명선
107	ㄱ자 할머니	- 셋째손녀 혜진
111	**IV. 사진첩**	
169	**V. 김해김씨 세계도**	

I.
아버지의 꿈은 소박했다

김두형 金斗亨
1915.9.15~1995.6.25

고난과 역경의 세월속에서도 성실, 근면, 정직과 신의로운 삶으로 우리 5남매를 키우신 어버이의 아름답고 성실한 삶의 현장을 이 책자에 담는다.

부주전상서의 회한悔恨

1963년 아버지께 처음으로 부주전상서父主前上書란 글을 올린 후 61년 만에 부주전상서로 서두를 쓰니 아버지에 대한 착잡한 감회로 눈물이 앞을 가리어 한참 동안 먼 곳을 바라보다 겨우 마음을 진정시켜 필을 이어갈 수 있었다. 그때 부주전상서는 아무리 길게 써도 결국은 학비와 용돈을 부쳐달라는 내용이었다. 그러나 아버지께서 타계하신 지 30년의 세월이 흐른 후에 쓰는 부주전상서는 아버지에 대한 망극罔極한 그리움과 사모의 정이 밀리는 통한의 아픔일 수밖에 없다.

아버지는 1915년 9월 15일 예천군 보문면 미호동 1통 4호에서 부父 김창병金昌柄과 모母 경주김씨 김간동金艮洞의 장남으로 태어났으며 1937년 12월 27일 전주인 이원녀李源女와 혼인하였다. 초명은 김두형金斗瀅이고 자字는 규집圭集, 두형斗亨은 관명冠名이다. 규집의 圭자는 저울눈을 의미하기도 하고 좁쌀알 10개의 무게를 의미하는 뜻도 있다고 한다. 아버지께서는 늘 우리에게 "적은 돈을 아끼고 큰돈을 보람있게 써야 한다"라고 훈계하셨다. 그리고 당신께서는 몸소 이를 실천하시어 우리 형제·자매들은 이에 많이 훈도薰陶된 점도 있다고 생각한다. 아버지께서는 곡식 한 알, 휴지 한 장도 허투루 쓰는 법이 없었고, 헌 옷을 최대로 활용하시어 새 옷을 아끼셨다.

이로 보면 아버지께 붙여진 규집이라는 자字가 결코 우연히 붙여진 것이 아닌 것 같다. 아버지의 자전적인 이 책명을 「좁쌀 10알로 일군 살림 김두형」이라 붙인 이유이기도 하다. 책 제목은 막내아들 시열時烈이가 제안한 것을 우리 형제들이 그대로 수용하였다.

유년기에 아버지에 대한 기억은 무섭고 두려운 존재로만 각인되어 있을 뿐이다. 나는

10살 이전까지는 3대 독자였다. 내 바로 아래 남동생은 나와 10년 차이이니 나는 그때까지는 3대 독자였다.

그 당시는 평균 5~6명의 형제, 자매가 대부분이었으므로 3대 독자란 그야말로 금지옥엽이었다. 그렇긴 해도 조부모를 모시고 사는 젊은 부모가 자식 사랑의 표현은 할 수 없는 시대였다. 아무리 귀한 아들이라도 그 사랑은 조부모의 몫일 뿐이다. 그래서인지 아버지의 자식 사랑이 매우 각별했다는 사실은 내가 성인이 되고 아버지가 타계하신 후에야 느낄 수 있게 되었다.

당신께서는 초등학교 다니는 나에 대한 기대는 판·검사였다. 초등학교 때 제법 공부도 잘하는 총명한 것으로 판단하신 아버지께서는 어느 날 "너는 커서 무엇이 되고 싶나?" 하고 물어보셨다. 나는 갑작스러운 질문에 분명한 대답을 못 하고 머뭇거리고 있었는데 당신께서는 나에게 "너는 커서 판사나 검사가 되면 좋겠다" 라고 하셨다. 당신의 이 말씀은 어린 나의 머리에 깊이 각인된 거 같다.

나는 농업고등학교에 다니면서도 대학진학 목표는 법대였다. 실제로 고등학교 재학 중일 때 나는 103조까지의 헌법 조문 중 '유구한 역사와 전통에 빛나는……' 헌법 전문에서부터 거의 한 50조까지는 달달 외울 정도였으니 나의 대학진학 목표는 법대였고 꿈은 고등고시였다.

그러나 그 꿈은 이루어지지 않았다. 중학교 3학년이 되어 고등학교 진학을 앞둔 나에게 아버지께서 너는 꼭 안동사범학교를 가서 교사가 되라는 것이었다. 아버지의 눈에도 내가 고등고시에 합격하기에는 턱없이 부족한 것으로 판단되었는지 공무원 중에는 행정직이나 경찰직보다 선생이 바람도 안 타고 모든 이들로부터 대우받고, 또 제자들을 길러내는 것이 다른 공직자와는 비교가 안 될 정도로 좋다는 주장이었다.

그러나 나는 선천적인 청록 색맹이었다. 색맹은 사범계는 물론 이공계까지도 진학이 어려웠다. 아버지의 실망은 이만저만이 아니었다. 얼마나 답답하면 그 색맹검사 책자를 외우면 되지 않느냐 몇 페이지 안 되니까 다 외우라는 것이다. 그러나 아버지는 합리적인 분이지 막무가내로 주장하는 분이 아니었다.

담임선생님의 설득으로 사범학교 진학 희망은 접게 되었다. 이렇게 하여 교사의 꿈은 잠시동안 멈추어졌다. 결국, 내가 갈 수 있는 대학은 경상대와 문과대학뿐이었다. 어쩌다 나는 사학史學과를 택했고 졸업과 동시에 중등학교 역사교사가 되었으니 아버지의 꿈은 잠시 이루어진 셈이다.

아버지께서는 지방행정직 공무원으로서는 예천에서 처음으로 정년퇴직을 하신 것으로 기억하고 있다. 2대 독자인 아버지께서는 3남 2녀의 자식을 둔 것에 매우 만족해 하셨다. 더구나 맏아들이 당신이 바라던 대로 졸업과 동시에 서울 시내 중등학교 교사로 임명되자 매우 만족해 하셨다. 아버지께서는 퇴직 후 시골에서 손자·손녀를 보며 유유자적하는 것이 노후의 꿈이었던 것 같다.

난파선의 선장이 된 아버지

다행히 아버지의 그 지극히 소박한 꿈은 잠시동안 현실로 나타났으나 얼마 가지 않아 깨어지고 말았다. 내가 건국중학교 역사교사 모집에 16대 1의 경쟁력을 물리치고 들어갈 수 있었던 것은 김건 학장과 강동진 교수의 적극적인 추천이 있었고, 또 건국상업고등학교 교생실습이 결정적인 계기가 되었다. 대학입학 전에 1년간 4-H 구락부 연합회장을 했던 나는 대중 앞에서의 연설이나 이야기에 비교적 능했었다.

교생실습생을 대표한 실제 수업에서 기성 교사를 뺨친다는 평가를 받은 것이 채용의 결정적 요인이었다. 최종결정권자인 안호삼安鎬三 교장이 면접 때에 김 선생은 대학교도 소위 말하는 일류대학이 아니고, 고등학교도 시골 농업고등학교 출신인데 추천하는 분이 많고 교생실습 성적평가가 너무 좋아서 채용 결정을 했다고 나에게 직접 이야기했기 때문이다.

그러나 건국중학교 교사로 부임한 지 5년째인 1975년 2월 15일 아침 출근길에 중앙정보부 남산 분실에 연행된 나는 남산 분실 지하에서 46일간의 강압적인 수사 끝에 결국 지극히 평범한 교사 신분에서 간첩 방조범으로 둔갑하여 교사직에서 면직되고 형무소에서 5년 동안 피눈물을 흘려야 했다.

이로 인하여 우리 가정은 리히터 규모를 측정할 수 없는 강진强震이 휩쓸고 간 자리였다고, 당시 중학교 1학년 학생이었던 막냇동생 시열時烈은 그 당시를 그렇게 비유했다. 나는 형무소에서 5년 동안의 규칙적인 생활로 심신이 단련되었다. 규칙적이고 일정량의 식사, 독서, 운동 그리고 아버지, 어머니, 아내가 보내주는 편지와 서적으로 마음을 달래며 출소라는 큰 목표 앞에 마음을 닦고 독서에 열중하였을 뿐 바깥일이나 집안 사정은 집안 식구의 위로 편지내용을 100% 그대로 믿고 정신적 안정을 찾을 수 있었다. 수형생활을 비교적 편안하고 독서에 열중하면서 적당한 운동으로 건강을 유지하고 정신적 안정을 찾을 수 있었던 것은 아버지와 어머니, 아내와 누님을 위시한 가족들의 힘이었다.

출소한 이후에야 반공법, 국가보안법에 연루된 가족들이 정상적으로 살 수 없는 사회구조란 것을 서서히 알게 되었다.

1975년 2월 15일 중앙정보부의 남산 분실에 잡혀가기 전까지는 지극히 평범한 교사였다. 주변으로부터 가장 성실한 세 딸의 아버지이고 평범한 가정주부의 남편인 나는 주변의 일가 친척들로부터 인정받는 평범한 청년이었다. 교사가 되었으니 아버지로서는 소박한 꿈이 이루어진 셈이다. 그러나 어느날 갑자기 행방불명이 된 아들이 48일만인 그해 4월 2일 도하신문과 TV에 시간마다 톱뉴스로 나오고 극장 리버티 뉴스에까지 간첩으로 나오게 되니 내 동생의 표현대로 온 집안이 리히터 규모로 책정할 수 없는 강진에 휩쓸린 꼴이 되고 말았다.

지진을 맞으면 구호의 손길이라도 뻗치지만, 간첩과 연루되어 간첩을 방조했다는 이 무서운 강진 앞에는 구호의 손길은커녕 주변과 이웃의 증오에 찬 눈길이 있을 뿐이었다. 이웃들은 물론 일가친척의 발길이 끊기었다. 전통적인 집성촌 큰 문중에서도 절해고도의 외로움이 있을 뿐이었다.

이 어려움을 극복하며 고통을 이겨낸 굳센 의지와 가정을 지켜내야만 한다는 흔들림 없는 아버지의 결심이 결국, 파도에 휩쓸린 난파선을 구해낸 것이다. 당시 아버지의 삶은 어떤 말로도 표현할 수 없는 인간으로서의 한계를 넘어선 삶이었다. 외로운 선장인 아버지는 연금도 없고 퇴직금도 없던 1970년도 말단 행정직 공무원으로 퇴직한 61세의 노인이었고, 어머니는 순수한 주부인 59세의 당시로서는 할머니였다. 두 노인의 수하에 10식구가 있었는데 모두 노동력이 전혀 없는 학생, 어린아이들이란 것을 생각하면 이 어려움을 극복한 아버지, 어머니 그리고 아내의 삶과 의지는 상상이 안 되는 일이다.

가정을 일으킨 할머니와 손자

아버지는 2대 독자였다. 아버지의 아버지인 나의 조부, 휘 창병昌柄은 1941년 3월 19일 향년 44세로 타계하셨으니 내가 태어나기 3년 전에 돌아가셨다. 나는 할아버지를 본 일이 없고 우리 집에서 할아버지에 관해 이야기하는 사람은 아무도 없었다. 동리 사람 누구도 우리 할아버지에 관한 이야기는 없었다. 다만 전통적인 우리 마을에 기독교는 어느 가정에서도 발을 못 붙일 때인데 우리 집에는 옛날 한글체인 성경책이 헌 궤짝에 있었다.

나는 우리 집에 누가 교회에 나가는 사람이 있었느냐고 어머니에게 몇 번이나 물었다.

"너희 증조할머니(영천인永川人 이모창李毛昌: 1865.6.18~1946.3.31)가 할아버지 병 고치겠다고 용하다는 의원은 불원천리不遠千里 다 찾아다니시고 한때는 교회까지 나가셨단다."

"할아버지가 왜?"

그러나 어머니는 더 이상 말을 잇지 않았다. 주변에서 이따금 흘러나오는 이야기를 종합해 보면 할아버지는 간서치(看書痴: 책만 보는 바보란 뜻)로 보인다. 그 증거물로 할아버지가 쓰셨다는 '만성부萬姓符'라는 책을 본 일이 있다. 아버지는 15세 때부터 집안 살림을 도맡았다고 하는데 그 15세는 증조할아버지(휘 용준鎔濬)가 돌아가신 해였으니 할아버지는 집안일과는 아무 관계가 없는 간서치임에 틀림없다.

그러니 아버지는 15세의 청소년으로 할머니(나에게 증조모)와 아버지(간서치), 어머니 그리고 아내와 누이동생 2명(나에게 고모이다) 이렇게 일곱 식구의 소년 가장이었다. 이 일곱 식구가 어떤 때는 한 됫박의 좁쌀로 일주일을 연명한 때도 있었다고 하니 그 가난을 짐작할 만하다.

이런 어려움 가운데서도 아버지는 16세인 1931년에 대창보통학교에 입학하였다. 증조모께서 전해에 남편이 42세로 세상을 떠나고 아들 창병昌柄이 배움에 한을 품고 간서치가 된 것을 생각하여 손자를 서둘러 학교에 보낸 모양이었다.

나의 증조부는 4형제 중 셋째였으니 송곳 꽂을 땅도 없이 빈손으로 살림을 나와 42세로 타계하시고 증조모는 증조부보다 6년 연하였으니 35세에 청상이 된 것이다. 우리 집안을 일으킨 것은 이 증조모와 손자인 아버지였다. 아들의 병 고침에 실패한 증조모께서 손자를 서둘러 학교에 보낸 것이다. 아버지께서 가끔 대창학교 생활을 회고하시면서 공부할 시간이 없었음을 몹시 아쉬워하시는 이야기를 들은 적이 있었다.

"하교하면 집으로 가지 않고 책보자기를 들고 바로 밭으로 가서 깜깜하도록 일하고 고단해서 그냥 자고 책보자기를 끌러보지도 못하고 학교에 가는 날이 많았다"라고 아쉬운 회고를 하는 말씀을 들은 일이 있었다.

실제로 옆집 노인(송곡아저씨)이 교복 입고 책가방을 든 내 모습을 보고, "네 아버지가 너만큼 배웠으면 크게 한자리할 사람인데 너는 네 아버지 반이라도 따라가거라." 이런 말을 몇 번이나 들은 적이 있었다.

내가 언젠가 영주에서 사업으로 크게 성공하여 영주 최고 갑부이면서 집안 아저씨인 김두혁 어른께 세배하러 갔더니, "네 아버지가 공직으로 나가지 않고 사업을 시작했더라면 큰 갑부가 되었을 것이다"라고 하시면서 몹시 아쉬워하는 이야기를 들은 적도 있다.

그 어른은 그야말로 자수성가로 크게 성공하여 베풂의 삶을 사신 분으로 학교법인 송암재단을 설립하여 영주고등학교, 선영여자고등학교를 세워 지역사회에서 크게 존경받는 분이었다.

여하튼 아버지는 가난한 데다가 아버지의 아버지가 경제력이 없는 무능력자인지라 아버지의 학교생활은 공부하러 다녔다기보다 새벽부터 밤늦게까지 일하시는 그 사이에 학교를 다니신 것으로 보인다.

그래도 1934년 대창학원을 졸업하고, 1935년 6월 9일 봉화 금정 광산 채광계 감독으로 가셨다. 아버지가 불과 20세에 어떻게 그곳에 취업이 되었을까? 라는 의문을 품고 있었다. 그런데 아버지께서 타계하신 지 20여 년이 훨씬 지난 후에야 그 의문이 풀렸다.

아버지와 3종간이니 나에게는 3종숙 김두호金斗曍: 1924~2019 아저씨다. 이 아저씨가

2010년대부터는 우리 집안에서 가장 큰 어른이었다. 그래서 나는 설 명절과 추석 명절에는 빠짐없이 인사차 방문하였다. 그때마다 그 아저씨는 나에게 차비 명목으로 한사코 돈을 주셨다.

나도 나이 70이 넘었는데 90 넘은 노인에게 돈을 받기가 민망하여 한사코 거절해도 막무가내였다. 물론 그 아저씨는 교사로 정년퇴직하여 연금도 받고 아들 내외가 모두 교사이고 송파구 요지에 건물까지 가지고 있으니 경제적으로는 아주 넉넉한 편이었다.

그러나 나에게 돈을 주는 이유는 다른 데 있었다. 내가 정색을 하고 교통비를 거절했더니 그 아저씨가 하는 말씀이다.

"내가 학교 다닐 때 구렬형님(우리 아버지 택호이다)한테 처음으로 용돈을 얻었다. 그리고 내가 객지에서 교편생활을 할 때 고향 가면 구렬아지매(우리 어머니)가 늘 고추 등 농산물을 주셨다. 그런데 내가 그 형님 내외분께 대접 한번 한 일이 없다. 그것이 늘 마음에 걸려 늙은 나를 찾아오는 자네를 보면 형님 생각이 나서 그러니 받아라. 그래야 내 마음이 편하다."

봉화 금정광업소 채광계 감독
- 아버지의 첫 직장 -

아버지는 대창보통학교를 졸업하시고 경북 봉화군 금정광산 채광계 감독으로 취업하게 되었다. 아버지는 젊을 때 체격이 좋고 힘이 센 편이었다고 한다.

그곳에 취업을 하게 된 것은 아버지와 3종(8촌)간인 김두희(金斗熙:1901~1958) 아저씨가 자유당 때 민선으로 춘양면장까지 지낸 봉화지역에서는 득인심한 상당히 이름 높은 유지였다. 아버지가 1935년부터 1939년까지 봉화 금정광산 채광계 감독으로 취업한 것은 이 김두희 아저씨가 주선하였다는 해답도 얻게 되었다.

아버지는 1937년 전주이씨 희령군熙寧君의 18세인 강릉참봉康陵參奉으로 향방에서 널리 알려진 선비, 호 동은桐隱, 또는 동운桐雲 이순행(李淳行:1889~1933)의 딸인 이원녀(李源女:1917~1995)와 혼인하였다. 아버지의 중매는 김두희 아저씨의 부친인 김세병(金世柄:1885~1957) 할아버지가 하였다고 한다. 김세병 할아버지는 나의 3종 조부이며 당시 주변에 알려진 선비였다. 나의 외조부인 강릉참봉 이순행李淳行과는 매우 절친한 친구로 재종질인 아버지를 그의 사위가 되도록 중매까지 하여 나의 외조부 휘 순행淳行과 겹사돈이 된 것이다. 그러나 외조부께서는 영천지역 학당 훈장으로 가셨다가 몇 달만에 타계하시니 향년 44세였다. 그 높은 학문을 펼쳐보지도 못하셨다.

어머니는 신접살림을 봉화군 춘양면 금정리(우구치리)에서 차린 셈이다. 춘양면 우구치리에 있는 이 금광을 금정金井 광업소라 한 것은 금광을 개발하면서 붙여진 이름인데 당시 이 금광에서는 물이 많이 나와 금을 캐는 것이 마치 우물 속에서 금을 기르는 것과 같

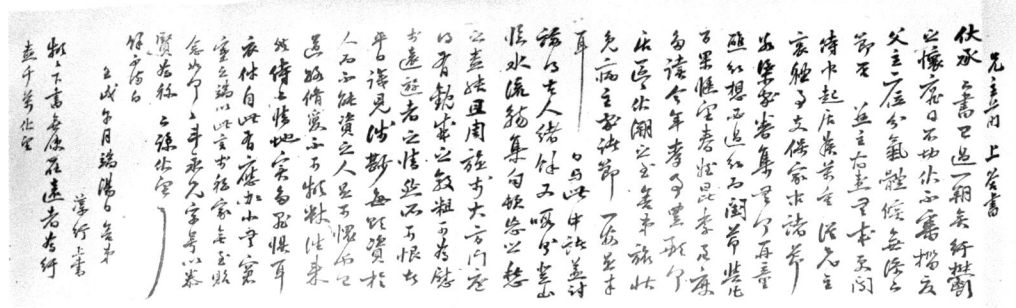

외조부 이순행李淳行께서 영천훈장으로 계실 때 강릉(康陵;조선13대 明宗陵) 참봉인 백씨 이순학李淳學에게 보낸 친필 서신

다고 해서 붙여진 이름이라고 한다.

우리나라에서 두 번째로 금이 많이 나오는 금광이어서 한 달에 200kg 이상 생산하면 보너스도 주었다고 한다. 지금은 폐광이 되었지만, 태백산에는 금송아지 두 마리가 산다고 하는 전설이 있는데 한 마리는 북쪽 끝 금대봉 어딘가에 묻혀 있고, 또 한 마리는 남쪽 끝 구룡산 자락에 묻혀 있다고 한다. 이 남쪽 산 구룡산 자락에 묻혀 있던 금송아지는 강원도 정선에 살던 김태연이란 사람에 의해 발견되었고 이것이 바로 금정광산이며, 이 광산을 김태연씨가 일본인에게 광업권을 넘겼는데 이때 받은 돈은 50대 재벌에 들어갈 정도였다고 한다. 결국 이 금정광업소는 일본인들에 의해 개발되었다.

어머니는 이 우구치 광업소 생활을 가끔 회상하는 때가 있었다. 물자가 귀한 때 우구치 광업소에서 생필품을 배급으로 주던 그때를 회상하였다. 그러나 나는 어머니와 아버지로부터 금정광업소 이야기를 들은 적은 거의 없다. 아버지의 금정광업소 근무는 1939년 7월 15일까지였다.

예천군 농회 기수보로 전직

당시 우리 집안이 아버지가 객지 생활하실 형편이 못되었다. 증조모는 75세의 상노인이었고 살림이라고 전혀 모르는 할아버지의 병세는 더욱 악화되었다. 할머니와 아버지의 여동생인 두 고모, 이렇게 7식구의 가장인 아버지가 더 이상 가정을 떠나 객지에서 생활을 할 수 없는 형편이었다.

아버지는 고향에 돌아오신 두 달 반만인 그해 10월 7일 예천군 농회 기수보技手補로 취업하였다. 비록 금정광업소보다 급료가 적어도 집에서 가사를 도우며 직장생활을 할 수 있었기 때문에 그 길을 택한 것으로 보인다. 1941년 2월 22일 할아버지가 돌아가시고 26세인 아버지는 그해 4월 2일 호주로 상속되었다.

1940년 10월 14일 결혼 3년 만에 첫 딸 춘희를 낳았다. 춘희春熙는 예천여자고등학교를 나오고 재건국민운동 보문면 여성지부 회장을 하다가 1967년 2월 17일 영주군청에 근무하는 반남인 박원수朴元壽와 혼인하였다.

1943년 11월 22일 예천군 농회 기수보에서 예천군 보문면 기수技手로 진급하면서 보문면사무소로 전직되었다. 보문면사무소는 같은 동리에 있었기 때문에 우리 가정 형편으로 봐서는 아주 잘된 일이었다.

1944년 1월 5일(음력 1943.11.26) 장남인 시우가 태어났다. 실로 3대 독자였다. 그러나 나는 1950년 이전까지 아버지에 대한 기억이 전혀 없다. 아버지께서는 지방공무원으로 차츰 자리를 잡기 시작하였다. 보문면 기수에서 1947년 예천군 보문면 기사技士로 승진하였고, 이어 1949년 예천군 보문면 지방주사地方主事로 승진하였으니 6급 공무원이 된 것이다.

1950년 4월 1일 나는 아버지의 손에 잡혀 예천군 보문면 미호리에 있는 보성국민학교 제1학년에 입학하였다. 나는 어릴 때 매우 어눌하고 부끄러움과 겁이 많은 내성적인 성격인 것으로 기억된다. 학교에 처음 들어간다는 기쁨은 거의 느끼지 못했고 막연한 불안, 두려움이 있어서 아버지에게 크게 의지할 수밖에 없었다는 기억뿐이다. 담임선생(임두희) 얼굴은 지금까지도 생생하게 기억된다.

6.25 피난길

나의 어린 시절 가족관계가 확실하게 떠오르는 것은 1950년 6.25 전쟁 피난길에서 부터이다. 외할머니 집에서 자고 그날따라 외할머니와 함께 집에 오니 아버지, 어머니가 봇짐과 등짐을 싸느라 집안이 어수선하고 할머니와 외할머니는 근심스러운 얼굴로 짐을 챙기느라 부산하게 움직였다.

그때 나는 지금의 초등학교인 국민학교 1학년이었다. 토요일에는 으레 혼자 외딴집에서 사시는 외할머니 옆에서 잠을 자야 했다. 그날도 외할머니댁에서 잤는데 여느 때와는 달리 외할머니와 함께 집에 오니 아버지와 어머니께서는 등짐과 머리에 이고 갈 봇짐을 싸고 있었다. 날짜는 짐작건대 사변이 6월 25일 일요일 아침이었으니 예천군 보문면까지 인민군이 쳐내려온 것은 7월 9일쯤 될 것으로 짐작된다. 피난 짐을 챙기던 그 날도 일요일이었다.

할머니와 외할머니를 집에 남겨둔 채 아버지, 어머니, 누나, 나 이렇게 네 식구가 피난길에 나선 것이다. 나는 그때 여덟 살이었는데 불안감은 전혀 없고 마냥 즐겁고 기쁘기만 했다. 아버지, 어머니와 함께하는 첫 나들이였으니 전쟁이란 공포심은 전혀 없고 마냥 기쁠 수밖에 없었다. 피난길을 나설 때는 일주일 이내에 돌아올 것으로 생각하여 모든 준비물은 일주일 분뿐이었다.

우리가 피난길을 나선 후 곧 뒤따라 인민군이 우리 마을을 덮쳐 파출소를 습격하여 파출소 순경 3명인가가 전사하고 빠르기로 소문난 최 순경은 용케 달아났다고 한다. 당초 피난길에 나설 때는 안동 구담까지 피해 있다가 되돌아올 예정이었다. 구담에는 아버지 재종누나가 살고 있었기 때문에 그곳을 목표로 집을 나섰으나 인민군에게 밀리어 남쪽으로 남쪽으로 간 곳이 청도까지 밀려간 것이다.

봇짐, 등짐을 이고 진 피난민들의 행렬은 남으로 남으로 계속되었고, 우리는 인민군들보다 한 발 앞서 남쪽으로 향하였으나 총·포 소리가 귓전을 울리는 때도 많았다.

다행히 아버지가 현직공무원이라 정일권 참모총장이 발급한 신분증이 있어서 보국대에 잡혀가지 않았다. 그 힘한 피난길에서 우리 5식구가 무사할 수 있었던 것은 아버지가 예천군 보문면민을 대표한 피난민 선도반장 완장을 차고 신변 보호를 받았기 때문이다. 피난 중에 11살인 누나가 괴질에 걸려 걷지도 못하고 아버지 등짐 위에 얹혀서 배를 아버지 몸에 붙이고 다녀야만 했다. 많은 피난민이 대놓고 다 죽어가는 계집아이를 이 난리통에 업고 다닌다고 아버지의 면전에서 힐난하는 이들이 있었지만, 아버지는 그 누나를 등짐 위에 지고 미군 야전병원을 찾아 손짓, 발짓으로 구원을 요청하여 무슨 약을 먹였는지 통증이 씻은 듯이 사라지고 다 죽어가던 누나가 소생하였다.

고향 집에서는 며칠만 피했다가 돌아온다던 아들과 며느리, 딸과 사위가 1주일이 지나고 10일이 지나도 감감무소식이니 외할머니는 사위와 딸을 찾아 남쪽으로 피난민 행렬에 끼어 정처 없이 우리를 뒤쫓아 집을 나섰다. 할머니는 예천군 개포면 금동으로 출가했다가 과부가 된 막내딸이 외손녀(박태희, 당시 9세)와 함께 할머니 곁을 지켰다.

외할머니는 인민군들과 같이 강물을 건너기도 하고 부축을 받기도 하며 우리를 뒤쫓은 것이다. 그때 갓 스물도 안 되어 보이는 인민군 병사가 외할머니에게 "해방군이 왔는데 왜 피난을 하여서 할머니를 욕보이느냐, 집으로 돌아가요"라고 권했다고 외할머니가 회고하는 말을 들은 일이 있다.

사실 생각해 보면 나라에서 피난처를 마련해 놓은 것도 아니고 그렇다고 목숨의 안전이 담보된 것도 아니다. 다만 인민군에 대한 공포심과 피난하라는 당국의 지시에 충실하게 따른 것뿐이다. 당시 우리 마을에서 피난길에 나선 집은 2집뿐이었다.

인민군이 물러나고 고향에 돌아오니 20~30대 청년들은 대부분 납북 혹은 월북하였고, 동리에는 젊은이가 몇 사람밖에 남아있지 않았다. 집집마다 젊은 과부들이 남편을 기다리며 속절없이 청춘을 늙히는 이산가족이 되었다. 아마 아버지도 피난을 하시지 않았더라면 우리 집도 이산가족이 됐을지도 모른다.

외할머니와의 피난길 해후

천우신조天佑神助란 말이 있다. 도저히 이루어질 수 없다고 여긴 일이 이루어지거나 어떤 힘든 상황에서 극적으로 벗어나는 경우에 쓰는 단어이다. 그 피난길 북새통에서 외할머니와 극적인 해후를 하였으니 이야말로 천우신조라 할 수 있을 것이다.

피난길의 숙소는 주로 민가의 마당이나 감나무 밑에 보릿짚을 깔고 홑이불을 덮고 자는 경우가 많았다. 마침 7~8월 여름철이라 어린 나는 감나무 밑에 보릿짚을 깔고 자는 것이 마냥 즐겁기만 했다.

외할머니와의 해후는 실로 우연이었다. 그날 저녁 길가 어느 민가에서 저녁 식사를 하는 가운데 나와 누나의 목소리가 컸던 모양이었다. 마침 그 집 앞을 지나던 외할머니가 아무래도 듣던 음성이라면서 그 집안으로 들어오게 된 것이 천우신조의 기적을 낳은 것이다. 이를 두고 운명이라 할 수 있을 것이다.

그날 낮에 어느 곳인지 모르겠으나 아주 사래 긴 사과나무 밭을 끼고 가는 옆길을 지나던 피난민들이 주인이 도망가고 없는 사과나무에 주렁주렁 매달린 사과를 보고, 배고픈 피난민들이 그냥 지나칠 수 없는 것은 지극히 당연한 일일 것이다. 이때 어머니도 그 사과밭에 들어선 것이다.

그런데 사과를 따러 간 어머니가 아무리 기다려도 오시지 않는 것이다. 사과밭 부근의 피난민들도 하나둘 자리를 뜨고 이제 남은 이는 우리뿐이었다. 급기야 인민군들의 총소리가 점점 가까워지자 아버지는 목이 터져라 어머니를 부르시다가 "이제 너 어메는 잃어버렸다 가자." 이렇게 아버지께서 비통하게 어머니를 포기하고 피난 짐을 챙기자 우리 남매는 울면서 어머니를 기다리며 자리를 떠나지 않다가 아버지의 성화에 막 일어서려는 순간 어머니가 사과를 한 보따리 이고 헐레벌떡 달려오는 것이 아닌가.

어머니가 오시는 것을 보고 가장 기뻐하는 이는 말할 것도 없이 아버지였지만 아버지는 짐짓 어머니를 크게 나무라며, "사람이 매란스러워도 분수가 있지 인민군의 총소리가 들리지도 않던가?"

어머니는 아버지의 성난 고함소리는 들은 체도 않고 짐짓 "저 사래 긴 밭끝에 사과가 억수로 많이 달렸는데…"라고 하면서 몹시 아쉬워했다. 그렇게 피난 발길이 늦어진 그 날 저녁에 외할머니와 해후했으니 이러한 것이 원인에 따라 결과가 있다는 인과응보因果應報가 아니겠는가?

어쨌든 그날 낮 어머니로 인해서 늦어진 피난길과 외할머니와의 만남에 아무 관계 없다고 할 수는 없으리라. 관계없다고 하기에는 너무나 절묘하지 않는가! 우연의 일치라기보다 지금 생각하면 스위스의 분석심리학자 칼융(Carl Jung:1875~1961)의 동시성 현상이란 말이 이와같은 현상일 것이다. 즉 눈에 띄는 인과적 연결이 없는 상황에서 발생하는 의미 있는 우연의 일치를 동시성 현상이라 한다는 그 이론이다.

어쨌든 이로 인하여 영원히 헤어질 뻔했던 외할머니와의 만남이 이루어진 것이다. 아버지와 어머니는 외할머니의 무모한 가출에 할 말을 잃고 있다가 크게 나무라기까지 했으나 이제 피난 가족 식구는 한 사람 늘어난 5명이 되었다.

아버지는 이 난리통에도 가끔 유머로 주변 사람들에게 웃음을 주고 위로도 주었다. 아버지는 피난민 선도반장이란 완장을 차서인지 어느 민가에서도 후한 대접을 받은 것으로 기억된다. 하룻밤 자고 가도록 방을 빌려 받기도 하고, 방이 없는 민가에서는 마당에 들마루를 깔고 자도록 배려하는 경우도 많았다. 마침 여름이라 잠자리의 불편함은 없었다. 심지어 빈 마구간이나 감나무 밑에 보릿짚을 푹신하게 깔고 자는 때도 나는 마냥 기쁘기만 했다. 온종일 걸어 다니다가 잠자리에 든다는 휴식이 주는 즐거움일 것이다.

피난길에서 미군 트럭과 마주치는 때가 많았다. 미군 트럭이 서 있는 곳이면 으레 아이들이 많이 모여들었다. 미군에 대한 호기심도 있었지만, 그들은 껌과 건빵 혹은 C-레이션을 던져주는 때가 있었기 때문이다. 아이들은 그걸 얻어먹겠다고 오케이, 오케이 하면서 운전석까지 기어올랐다.

나는 겁많은 촌놈이라 가까이 가지 못하고 멀리서 바라보고만 있었는데 어느 날 운전석의 흑인 병사가 눈짓을 찡긋하더니 C-레이션 봉지를 던져주었다. 나는 얼른 그걸 집어 들고 다른 아이들이 쫓아올까 봐 도망치듯 아버지, 어머니가 계신 곳으로 달려가 자랑스럽게 C-레이션 봉지를 내밀었다. 아버지께서는 그런 곳에 가지 말라고 하시며 빵, 과자 등 아무것도 잡수시지 않으셨고 외할머니는 외손자가 장하다는 듯 머리를 쓰다듬어 주셨다. 나는 외할머니가 피난길에 합류된 후 길가에 내던져진 담배꽁초를 주워 꽁초에 남아 있는 담배를 모아 궐련으로 만들어 외할머니에게 담배를 공급했다.

외할머니는 집에 계실 때는 늘 장죽으로 담배를 달고 사셨다. 술도 곧잘 하시어 술, 담배는 입에 대지도 않는 할머니와는 무척 대조적이었다. 나는 이 외할머니에게 늘 궐련 담배를 공급하여 외할머니의 사랑을 많이 받았다.

이러한 피난길의 종점은 청도였다. 예천에서 청도까지 아버지는 등짐을 지고, 어머니는 보따리를 이고, 걷고 걸어서 거기까지 가게 된 것이다. 낙동강 전투에서 국군이 승리하고 1950년 9월 15일 유엔군의 인천상륙작전이 성공하여 서울이 탈환되어 전세가 바뀌자 북한군의 남쪽으로 향한 진격이 멈추어졌다. 이로써 남쪽으로 향하던 피난 행렬은 끝나게 되었고, 우리는 청도를 반환점으로 고향을 향해 발길을 돌릴 수 있게 된 것이다.

피난길에서 환향길로

6월 말인가 7월 초에 모내기를 막 끝내고 피난길을 떠났는데 돌아올 때는 논마다 벼가 누렇게 익은 9월 중순으로 기억되었다. 피난길이야 당연히 험난했지만 돌아오는 길도 순탄하지는 않았다. 우리의 마지막 피난처는 청도였는데 이 청도에서 꽤 오래 머문 것 같다. 그곳에서는 부엌 달린 방 한 칸을 얻어서 휴전을 기다리고 있었다.

그 당시에 어린 나는 알 수 없었지만 지금 생각하면 대구를 사수하려는 국군과 인민군 사이에 치열한 낙동강 전투의 결과를 기다리는 것으로 추측된다. 그 집 주인은 아버지보다 연세가 많은 것으로 기억되는데, 새벽같이 일어나서 큰 소리로 아버지와 이야기를 주고받는데 마치 싸움을 하는 것 같았다.

당시 아버지의 관심은 오직 할머니가 계신 고향 생각뿐이었을 것이다. 9월 인천상륙작전이 성공하고 낙동강 전투의 패배로 대구 점령에 실패한 북한군이 철수하여 고향으로 돌아갈 수 있는 희망이 보이자 아버지, 어머니의 표정이 매우 밝아 집주인 노인과의 대화는 더욱 잦아졌다.

그러던 어느 날 이제 고향으로 돌아간다며 그 집주인 노인과 아버지께서 섭섭하고도 유쾌한 작별인사를 하고 고향으로 향하는 길을 떠났다. 그러나 마냥 기뻐야 할 귀갓길이 그렇게 순탄치는 않았다. 어느 곳인지 어린 나로서는 전혀 알 수 없지만, 신령고개라고 하는 어렴풋한 기억만 있을 뿐인 그곳에서 나는 처음 길가 언덕 밑에 쓰러진 사체를 보았다. 자전거를 타고 가던 순경으로 기억된다. 경찰 정복을 입은 채 언덕 밑에 쓰러져 있었는데 인민군들이 죽이고 산으로 넘어갔다고 피난민들이 쑥덕거리며 이야기하는 것을 들은 기억이 난다.

또 부슬비가 오는 날 도로변에서 어머니의 산통이 있었다. 그때까지도 나는 전혀 몰랐지만, 어머니는 만삭의 몸으로 한여름 더위에 잠시의 쉴 틈도 없이 날만 새면 해가 떨어질 때까지 보따리를 이고 매일 걸었던 것이다. 그러니 뱃속에 든 아이가 성할 수 있었겠는가? 죽은 아이가 나왔는지 나오자마자 죽었는지 나는 그 아이의 얼굴도 못 보고 아이가 죽었다는 말만 듣고 어떻게 되었는지 알 수 없었다. 이로인하여 어머니는 산후병을 얻어 오랫동안 고생하셨다. 아버지, 어머니께서는 9남매를 낳았는데 그 아이가 사내아이로 가장 잘 생겼다고 아버지께서는 그 아이의 죽음을 늘 아쉬워하셨다.

그럭저럭 고향이 가까워지는데 아버지는 만나는 사람마다 붙들고 예천군 보문면 미호리(미울) 소식을 물었지만, 사람마다 그 대답이 달랐다. 동리 전체가 잿더미가 됐다는 이야기에서 아무런 피해가 없다는 정반대의 답변이 아버지와 어머니를 일희일비하게 하였다.

이러는 사이 아버지를 필두로 한 우리 일행은 드디어 우리 동리의 첫 입구인 웃골 새고개草峴를 넘었다. 피난길을 떠날 때 겨우 모심기와 파종을 끝냈던 논·밭의 농작물이 주인을 기다리고 있었다. 논에는 누렇게 익은 벼가 밭에는 수수·콩 등 잡곡이 풍작을 이루고 있었다.

새고개를 넘으면 바로 한길가에서 우리 밭이 보인다. 한 골짜기를 다 차지하고 있는 우리 밭에는 할머니와 고모가 가을걷이를 하고 있다가 아버지가 부르는 우렁찬 목소리에 호미를 던지고 달려오기 시작했다. 전쟁통에 100여 일이나 생사의 소식도 모르고 애간장을 태우시다 꿈에도 그리던 아들, 며느리, 손자, 손녀를 별안간 만나게 된 그 해후의 기쁨을 어찌 말로 다 표현할 수 있으랴. 할머니와 고모는 흐느끼며 기쁨의 눈물을 흘렸다. 피난 갔던 사람들이 다 돌아왔는데 우리만 생사의 소식도 모르는 채 돌아오지 않으니 그 조바심이 얼마나 심했겠는가! 할머니와 고모가 달려와 아버지, 어머니와 뒤엉켜 만나는 장면은 영화보다 더 현실감 있게 느껴졌다.

집에 도착하니 이미 온 마을에 소문이 퍼져 집안은 온통 동리 사람들로 북적였다. 며칠 동안 우리 집은 잔칫집이었고 나는 그 다음 날 바로 학교에 나갔다. 사변으로 휴교에 들어갔던 학교가 9월 초에 개학이 되었는데 나는 다른 학생들보다 1개월이나 더 늦게 학교에 나간 것이다. 아버지는 그 다음 날부터 다시 보문면사무소에 지방주사로 출근하셨다.

공직에서 독농가로 변신

1952년 우리나라에서 처음으로 지방자치제가 시행되어 민선 면장이 부임하자 아버지께서는 그 면장과 뜻이 맞지 않았는지 사임하시고, 대한청년단 보문면 부단장(1952.7.10~1954.3.29), 보문면 방공단 부단장(1952.11.5.~1954.3.29)으로 활동하시다 1954년 모두 퇴임하고 농사에만 전념하시면서 멀칭재배, 비닐하우스를 이용한 벼 조기 수확 등 독농가로서 농산부장관, 국회의장, 서울신문사 사장, 도지사, 군수의 표창을 받았으며 앞서가는 농가로 알려졌다.

청소년들로 조직된 4-H 클럽에도 깊은 관심을 가지셨다. 그리고 보문면 농촌지도소 부소장(명예직)으로 계시면서 멀칭재배 등 농작물 재배에는 거의 전문가 수준이었다.

1953년 시백時伯이 태어났다. 시백이 위로 4남매가 모두 첫돌 전후에 사망하였으니 실제로 시백이는 7번째로 태어난 것이다. 그 후로 1958년 숙희淑熙가 태어나고, 1962년 시열이가 막내로 태어났으니 어머니께서는 6남 3녀로 모두 9남매를 출산하셨는데 3남 2녀만 성장하였다.

문전옥답,
농우와도 맞바꾸는 아버지의 교육열

이때 우리 집안은 경제적으로 매우 어려웠던 것으로 기억된다. 누나는 고등학생, 나는 중학생이며 밑으로 어린 아이들이 셋이고, 할머니, 어머니 등 모두 8명의 대가족인데 노동력은 아버지뿐이었다.

논 8마지기(1600평), 밭 15마지기(3000평) 정도였으니 중농가 수준이었다. 그때 농가에서 가장 소중하게 여기는 것은 농토와 농우農牛로 농토는 농가의 부동산 재산목록 제1호이고 농우는 동산목록 제1호이다. 아버지께서는 자녀들의 교육을 위해서는 이러한 부동산과 동산도 처분하시는 분이었다.

실제로 우리 남매 학비때문에 채무를 감당하기 힘들었다. 150평짜리 문전옥답을 매각하였다. 농토가 유일한 생계수단인 농민으로서는 아무나 할 수 있는 일이 아니었다. 내가 대학 다닐 때도 학비를 위해 농가 재산 목록 제1호인 농우를 주저 없이 처분하시는 분이었다.

아버지께서는 헛돈이라고는 한 푼도 쓰지 않는 근면·성실·신의의 대명사로 알려진 분이다. 아버지가 빚을 진 이유는 명백하다. 할머니 회갑 잔치와 우리 남매들의 학비와 가족들의 양육비였다. 아버지의 자식에 대한 교육열은 누구도 따라갈 수 없는 열정 바로 그 자체였다.

당시 여자아이들은 아무리 출중해도 대개 초등학교 졸업으로 그만이었다. 그런데 누나(춘희)는 보문면 전체에서 유일한 여고생이었다. 그렇다고 누나가 공부를 잘하거나 특기를 가진 것도 없었지만 빚을 지면서도 끝까지 여자고등학교를 졸업시켰다.

뿐만 아니라 우리 집에서 예천여자고등학교까지 8km가 넘는 거리였다. 그 등굣길은 농촌의 비포장 도로였다. 민가와 인적이 드문 외진 장소가 곳곳에 있어서 여학생이 혼자 다니기에는 무서운 곳으로 알려진 데가 있었다.

아버지께서는 등굣길은 학생들이 일시에 한꺼번에 다니니 별문제가 없지만, 하굣길은 혼자 오는 때도 있었으니 이를 염려하여 늘 인적이 드문 외진 곳(새고개)까지 마중을 나가시기도 하였다.

다시 공직으로

그런 가운데 1954년 면장 선거에서 당선된 김두회金斗會:1902~1979 씨는 아버지께 복직을 강력히 권유하였다. 당선인 김두회 면장은 아버지가 행정력이 뛰어나고 신임이 두터운 점을 고려하여 아버지를 발탁하고자 한 것이다. 결국 아버지는 보문면 농산계장으로 복직하게 되었다.

당시 지방행정직 공무원의 월급은 참으로 보잘것없는 적은 액수였다. 그래도 농산물은 금전 회전속도가 거의 6개월이 넘었지만, 비록 액수는 적어도 매월 일정한 돈이 회전되니 농사로 얻어지는 수입과 함께 우리 집안은 숨통이 트이기 시작하였다. 그러나 내가 대학을 진학해야 했으니 집안 사정의 어려움은 풀릴 수가 없게 되었다.

당시 시골에서 서울유학은 대농이라 해도 힘들 때였다. 웬만큼 부잣집이라 해도 대구, 서울에 있는 대학을 교육시키려면 농촌 살림은 거덜나기 일쑤였다. 대개 농촌에서 대학을 진학시키려면 소를 처분하여 등록금을 마련하는 경우가 많기 때문에 당시 대학을 우골탑牛骨塔이라 했다. 소는 농가에서 현금화하기에 가장 좋은 동산이므로 대학입학 등록금 마련의 희생양이 바로 소였다. 우골탑이란 말이 생겨난 이유이다.

나는 사실 대학진학의 의지가 강렬하지 않았다. 그런데 내가 대학을 가면 가장 힘겨운 부담을 짊어져야 할 아버지께서는 나의 대학진학에 대한 열정이 나보다 훨씬 높았다. 그런데 대학진학보다 더 좋은 일이 생겼다. 고등학교 3학년 2학기 10월로 기억된다. 어느 날 교장(장영승)실에서 호출 명령이 떨어졌다. 교장실로 갔더니 나 이외에도 몇 명의 학생이 더 있었다.

교장선생님이 말하기를, "농협중앙회에서 전국농업고등학교 출신들을 도별로 채용하는데 학업 성적 5% 이내의 학생들을 추천해 달라는 요청서가 왔다. 아마도 추천 학생은 거의 다 선발되는 모양이다. 너희들의 가정 형편과 성적을 감안하여 담임선생님이 너희들을 추천했다."

그 당시 군사정부에서 대학입학 자격 국가고사를 시행하였는데 공교롭게도 농협공채 시험과 대학입학 자격 국가고사의 날짜가 겹치므로 두 곳 중 한 곳을 선택해야 했었다. 집에 가서 아버지와 상의하여 늦어도 2~3일 안에 그 가부를 결정해 달라는 것이었다.

나는 그날 저녁 아버지께 이 내용을 설명해 드렸더니 아버지께서는 조건부로 찬성하셨다. 농협중앙회로 가게 되면 야간대학을 가는 조건으로 승인하셨다. 이와같은 아버지의 희망은 원천적으로 이루어질 수 없게 되었다. 내가 농협공채시험에 떨어졌기 때문이다. 나는 할 수 없이 재수할 수밖에 없었다.

그런데 이 1년 동안 나는 재수생으로서의 대학입시보다 4-H 구락부운동에 더 열을 올려 4-H 경진대회에서 벼농사 부분과 기술 부분에서 1등 상을 받기도 하고, 보문면 4-H 연합회장, 뿐만아니라 1962년도 재건 청년운동원을 양성하는 재건 청년교육원 제2기생 수료까지 하는 등 농촌운동에 더 열성적이었다.

그해 11월 1963년도 대학입학 자격 국가고사가 1962년도에 이어 두 번째로 실시되었다. 대학입학 자격 국가고사는 1962년도와 1963년도 4년제 대학입학 희망자들에게 실시되었다. 그 이후 이 제도는 폐지되었다.

나는 자격시험에 제1차로 합격했다. 당시 시골 농업고등학교에서는 1차 합격자가 10% 정도밖에 되지 않았다. 그래서 1차 합격자로는 대학정원에도 크게 모자라므로 커트라인을 최대로 낮추어 2차 합격자까지 선발하였다. 나는 다행히 자격고사는 1차 합격자였으나 본 고사인 대학입학시험에는 불합격하여 3수를 할 수밖에 없게 되었다.

그런데 당시 건국대학교 교무과에 근무하던 김종오 씨의 권유로 건국대학교 문과대학 사학과에 입학하였다. 그러나 아버지의 면서기 봉급으로는 나의 서울유학 학자금을 감당할 수 없었다. 아버지는 나의 등록금 납부 시기와 맞추어 가축과 특수농작물 출하 시기를 조정하고 온 식구가 희생적으로 매달렸으나 1960년대의 농촌 실정으로는 대학등록금과 유학생활비를 감당하기에는 역부족이었다.

더구나 당시 우리 집은 10식구의 대가족에 아버지 이외에는 노동력이 없는 학생과 노약자들뿐이었다. 내가 대학진학을 망설인 이유이기도 하다. 결국, 나는 2학년을 마치고 군대에 입대하였다. 당시 군 복무 기간은 3년이었으니 한숨 돌릴 수 있는 시간이었다.

1965년 6월 5일 입대하였다. 6주간의 신병훈련이 끝날 무렵, 취침 나팔이 울려 퍼진 후에 중대 본부로 불려갔다. 당직사관이 훈련병 옷을 벗기고 상병 옷을 입히더니 정문 위병소대까지 갔다 오라는 것이었다. 영문도 모르고 위병소대 앞에 도착하니 나를 본 위병들이 급히 초소 안으로 나를 밀어 넣었다. 1분도 안 되어 아버지께서 초소 안으로 들어오시더니 "훈련 잘 받아라. 너는 육군 본부에 배치될 것이다"라는 말씀을 남기고 가셨다.

며칠 후 신병 훈련이 끝나고 수용연대에서 기성 부대 배치를 기다리고 있는데 배치가 다 끝날 무렵 백차를 몰고 온 헌병 하사가 나를 찾아와 너 아버지가 육군 본부에서 근무하도록 해달라고 부탁했는데 그곳에는 TO가 없어 대구 의무기지 사령부로 배치했다면서 실은 육군 본부보다 의무기지 사령부가 훨씬 더 좋다고 하면서 크게 생색을 내었다.

대구 의무기지 사령부로 배치된 다음 날 아버지께서 바로 면회를 오셨다. 후에 알게 된 일이지만 아버지께서 신병 훈련이 끝날 무렵 야간대학이라도 학업을 계속 시키기 위해 서울 육군 본부 배치를 위해 군대에는 아무 연고도 없으시면서 무작정 50X 훈련소로 가셨다고 한다.

부근에 있는 제일 큰 술집을 찾아 일면식도 없는 마담에게 훈련병 배치에 영향력을 행사할 수 있는 장교를 소개할 수 있겠느냐고 부탁했다가 일언지하에 거절당한 모양이다. 그래도 포기하시지 않고 두 번째 집으로 가서 그 집 마담에게 또 그렇게 부탁했더니 마담이 조금 기다리라 하면서 여기저기 전화를 돌리더니 헌병 하사 한 사람이 오더라는 것이다.

아버지는 하사관이 해낼 수 있는 일은 아닌 것으로 판단되어 의심스러운 투로 이것저것 시험해 봤더니 그 하사가 자존심이 상했는지 "훈련병 면회는 장군이라도 어렵다는 것 아시지요? 내가 오늘 시우 면회시켜 드리겠습니다"라고 하면서 주선한 것이 그날 저녁 면회였고, 의무기지 사령부 배치였다. 나는 그 덕에 군 복무를 아주 편안하게 제1 육군 병원 간호감독 장교실로 배치되어 독서도 마음껏 하였다. 아버지는 수단이 참 놀라운 분이셨다.

그때 수용연대에 찾아온 박학덕 헌병 하사 왈,

"너 아버지 뭐 하는 분이고? 내 너 아버지에게 넘어가서 돈 한 푼 안 받고 의무기지 사령부로 배치되도록 했다."

"시골서 농사짓는 분입니다."

"너, 거짓말 마라. 농사짓는 사람은 아닌 것 같더라."

"전에 면장을 했습니다."

"그렇지 너 앞으로 군대 생활에 어려움이 있거나 괴롭히는 놈 있으면 즉시 나에게 연락해라."

그렇게 말을 하고는 헌병 백차를 타고 연병장을 한 바퀴 돌면서 시위를 하더니 쏜살같이 사라졌다. 그 후에는 한 번도 그를 만나지 못했으나 어쨌든 그 헌병 하사 덕분에 군대 생활을 아주 편하게 할 수 있었다.

언제나 한결같은 김두형 계장님

- 사)백촌한국학연구원 김녕 김봉균

 지난 60여 년 전 고등학교를 졸업 직후 아무것도 모르는 철부지가 어쩌다 지방공채 시험에 합격하여 공무원 생활을 시작하였다. 2년차이던 1967년 1월 보문면으로 발령나서 생전 처음 미울면사무소를 찾아가니 총무계장이 면장실로 안내하여 인사드렸다.
 그날 농산계로 배치되었는데 당시 면장은 이장경, 부면장은 박춘서였으며, 농산계는 김두형 계장님이었다.
 "계장님, 이번에 새로 온 김봉균입니다" 하고 인사드리니 누런 골리땡(골덴) 재건복에 볼펜을 손에 든 채 인자한 모습으로 맞이하시면서 "우리 열심히 일해 보자"고 말씀하셨다. 당시 계장님 옆 차석 자리는 무근열에 사는 이재호, 그 맞은편 3석은 동쪽에 사는 윤한희, 그 다음 수계 사람 안희찬, 그리고 모모 외 말석이 내 자리였다.

 농산계는 전작, 답작, 축산, 산림, 잠업, 비료, 영농지도, 농가 소득증대 등 농축산 관련 업무 전반을 담당하였다. 한 마디로 농민과 농촌과 관련되는 모든 일이 농산계 소관이었으니 면사무소 일의 전부라고 해도 과언이 아니었다.
 이런 일들은 사무실에서 할 수 있는 것보다 현장에서 농사짓는 농민들과 함께 농민들의 마음을 움직여야 이룩할 수 있는 어려운 일이었다. 그래서 농산계 일은 모두 돕고 장려하는 조장助長 · 助獎 행정이라고 하였다.

 당시 박정희 정부가 강력하게 추진하던 「식량증산7개년계획(1965~1971)」을 농촌 현장에서 실천하는 막중한 책임이 농산계에 있었다. 특히 이 계획은 궁극적으로 쌀 3,000만

섬 생산을 주요 목표로 하여 보리, 콩 등의 생산을 증대하여 농민을 빈곤에서 해방시키는 일이었다.

이 같은 목표를 달성하기 위해서는 한정된 농지 위에 생산성을 증대시키는 일이었으니 농촌 말대로 소출所出을 늘리는 일이었다. 그러나 이 일은 농민의 이해와 협조를 구해서 그들이 농촌 현장에서 직접 실천해야 되는 일이었다. 이런 일 중에 농산계에서 직접하는 일은 그때 농촌지도소에서 하던 새로운 재배기술 보급을 내무부에서 행정력을 통하여 강력하게 추진하는 일이었다.

당시 1967년 1년 동안 김 계장님이 얼마나 힘들고 고달픈 일을 하셨는지 되돌아 보면,

이른 봄부터 못자리:묘판=苗板 조기 설치에서부터 6월까지 4점5조식 모내기:이앙=移秧 등 새로운 농사기술을 권장하고 다녔다. 종전에는 대개 편정조식片正條植이라 하여 1쪽 줄만 못줄에 맞추어 심어 나갔는데 이번에는 4포기를 정방형으로 심고; 4점=4點, 그것들을 5줄; 5조=5條로 나란히 줄 맞추어 심고 일정 간격으로 띄워서 키우면 생산량이 늘어난다는 것이었다. 1966년부터 처음 시작된 이 방법은 4점5조식 못줄도 보급해 보았지만 한창 바쁜 모내기 철에 아무도 호응하지 않았다.

이 무렵 농림부 김영준 차관이 예천을 방문하였다. 그때 수계동 방지미에서 보문사 쪽으로 올라가는 협곡을 막아서 농사용 못(소류지)을 신설하고 있었다. 이 공사비는 미공법(U.S. Public Law) 480호(1954년 제정, 농업 교역 발전 및 원조법)에 의하여 지원된 미국산 밀가루로 노임을 지급하며 공사 중에 있었다. 면사무소 창고에 밀가루를 잔뜩 쌓아두고 노임전표를 갖고 오면 노임 대신 사회업무 담당인 총무계에서 밀가루를 현물로 주고 있었다.

여기를 보러 온다는 차관님의 행차에 예천군 보문면은 비상이 걸렸다. 사태가 이러하니 사전준비차 도직원과 군직원이 나오고 하여 계장님이 관내 도로변 벼농사를 안내하고 다녔다. 면사무소 아래 큰길가에 차를 세우고 지역 유지를 접견한 김 차관은 수계못 공사현장을 둘러 보고 올라간 지 얼마 되지 않아 그해 6월 달에 장관으로 승진하였다.

그 무렵 대두大豆 이식移植 재배를 하라고 하여 콩을 벼 못자리처럼 묘판에 심었다가 반뼘쯤 자랄 때 벼처럼 밭에다 이식하면 수확량이 엄청나게 늘어난다는 것이었다. 그래서 시범 재배할 포장圃場을 마련하라니 계장님의 고민이 날로 깊어졌다. 이런 일들이 모두 계장님의 의지대로 될 수 없는 능력 밖의 일이었다.

가을이면 벼 비배肥培 관리를 잘하기 위하여 잡초 근절의 상징인 '피뽑기'를 강조하고 다녔다. 그래서 눈에 잘 띄는 큰길 옆에 있는 논 주인을 찾아가서 피 뽑으라고 권유하고 다녔는데 모두들 바쁘다는 핑계로 외면하였다. 그러다가 도道에서 예천으로 현지 확인 온다고 하면 직접 논에 들어가서 뽑기도 하였다.

이 일이 있은 후 추수를 하게 되면 겨울철 추곡수매秋穀收買가 기다리고 있었다. 춘궁기에 대비하여 정부비축 양곡을 확보하고 곡가안정을 위하여 수매에 나섰다. 동리별로 수매량을 할당하고 전 직원이 나서서 권유하고 다녔으나 논농사가 적고 교통도 불편한 보문 땅에서 지게나 구루마로 운반해서는 수매량을 채울 수가 없었다. 아무리 노력해도 목표를 채울 가망이 없었는데 나중에 보니 달성되었다. 모두들 계장님이 창고장이고, 나락장사를 하던 김 모씨의 협조를 받아서 목표를 달성하였다고 하였다.

이 고비가 지나면 해동되기 전 한겨울에 지력갱신地力更新을 위하여 장기간 금비金肥 사용으로 산성화酸性化 된 논밭의 토질을 개량하고자 싱싱한 다른 데 흙을 옮겨다 붓는 일, 즉 객토客土를 권장하였다. 이 역시 도로 옆 논밭은 필수적으로 해야 했다. 계장님은 관내에 모르는 사람이 없을 정도로 모두가 지인知人이었다. 미울에 오래 세거하다 보니 곳곳이 일가친척이었다. 그런데도 아무리 권유해도 객토는 인력이 많이 들고 돈도 드는 일이니 여간해서 움직이지 않았다.

이렇게 어려운 일을 혼자 감내하다시피 동분서주하고 일하는데 성격이 괄괄한 이 면장은 군이나 도에서 현장 확인 온다면 어떻게 할 거냐고 계장님을 다그치기 일쑤였다. 이렇게 혼자서 보문면 농사를 다 짓고 다니는 무거운 책임을 지고서도 아무런 내색 없이 자신이 앞장서서 묵묵히 일하였다.

하루 일과는 아침에 출근하여 전직원 회의를 개최하여 당면한 중점업무를 설명하고 담당 동리별로 적극적인 협조를 당부하였다. 그리고 자신도 출장을 나가서 농민을 만나고 퇴근 무렵 사무실로 돌아와 잔무를 처리하였다. 다행이 나는 무경험자라 하여 큰 도로가 없는 간방동을 맡아서 도로변의 고통을 면할 수 있었다.

나는 이 무렵 계장님으로부터 문서작성과 업무추진 요령에 대해서 직접 가르침을 받았다. 군청으로부터 공문을 받고 어찌할 바를 몰라서 우물쭈물하고 있으면 가져오라고 하여 직접 이리저리 작성하라고 가르쳐 주면서 금세 초안을 잡아주고 결재를 올리라고 하였다. 그 일을 모르는 다른 분이 보면 내가 엄청 일을 잘하는 줄 알았을 것이다.

그래서 그런지 그해 12월 우수공무원으로 내무부장관 표창을 받았다. 모두가 놀랄 일이 벌어졌지만 가장 놀란 사람은 바로 수상자 나였다. 당일 빙그레 웃으시는 계장님의 미소 속에서 자신이 적극적으로 추천했음을 짐작할 수 있었다. 그때 내가 남보다 잘하는 것이 딱 한 가지 있었는데, 아는 게 없으니 계장님이나 윗분이 시키면 그저 '예'하고 대답부터 하고 꾀 안 부리고 시키는 대로 하는 것이었다.

면사무소에서 보면 청사 뒤 언덕 위에 김 계장님의 자택이 있었는데 사무실 안에서도 누가 오가는지 다 보였다. 특히 드나드는 사모님 모습은 자주 보여서 얼굴에 익을 정도였다. 어느날 나이 많은 이 주사가 "영감 집에 갔재" 하면서, "아까 아들이 오더구만" 하였다. 그때 김시우 회장을 멀리서 처음 보게 되었다.

그 일이 있은 후 계장님의 가정사를 듣게 되었는데 사무실에서는 아무런 내색 없이 오로지 한결같이 직분에 충실하신 분이었다.

계장님을 1년여 모시면서 누가 인품에 대해서 물으신다면 언제나 매사에 최선을 다하여 추진하는 분이었다. 그리고 아침 일찍 출근하여 출장 나갔다 들어와서 늦도록 밀린 일을 챙기셨다. 그리고 선의의 거짓말도 못하는 고지식한 분이었다. 특히 상사의 독촉이나 질책에도 부하 직원들의 핑계를 대지 않고 감싸는 분이었다. 이러한 계장님의 삶을 감히 성실, 근면, 정직, 신의를 몸소 실천하신 분이라고 칭송하고 싶다.

이제 돌이켜 보니 계장님의 가르침에 힘입어 얼마 후 군청으로 옮겨갔다가 후일 서울로 올라와 온갖 공부를 다해 보았으니 계장님이야말로 나의 사회적 스승이요 은인이셨다. 삼가 졸필로 옷깃을 여미며 추모의 글을 세상에 남긴다.

◇ 참고자료

○ 재건복

5.16 군사 정변 이후 정부에서 입도록 한 검소한 작업복으로 노타이 차림의 공무원 근무복이다. 재건국민운동 본부에서 생활의 간소화와 합리화를 위하여 권장하였다.

○ 식량증산7개년계획(1965~1971)

1964년에 수립하여 1965년부터 시행된 식량 자급 대책이다. 목표달성 방법 중 가장 먼저 단위 생산성 증대(종자갱신, 지력증진, 경지정리, 저수지 축조, 농업용수 공급 등 재배기반 조성, 재배기술 개선 등)를 강조하고 있는데 종자갱신을 제외하고 모두 면사무소 농산계 소관이다.

그리고 한해와 수해를 극복해야 되는데 차질이 많았다. 나중에 농업통계를 조작하여 목표를 달성하게 되었다고 발표하였다.

○ 농사개량 농촌지도 기관

1957년 농사교도소 ⇨ 1962년 농촌지도소 ⇨ 1998년 농업기술센터

○ 이앙방법

논배미 모양에 따라 이리저리 심는 난잡식亂雜植과 정조식正條植 등이 있었는데 4점5조식은 신농법이었다. 현재는 대개 장방형식長方形植이고 직파식 재배법은 이앙 자체가 없다.

○ 김 모 ⇨ 金斗永 창고장 겸 공화당 관리장, 미곡상

○ 면사무소 직원

면장 李章坰, 부면장 朴春緒, 총무계장 尹瑄熙, 계원 沈喆鏞, 여직원 외 1
재무계장 南誾朝, 회계 金兊年, 호병계장 黃相起 외 1
농산계장 金斗瀅(=斗亨), 계원 李在護, 尹漢熙, 安熙贊, 金奉均 외 1

난파선을 구한 아버지

아버지께서는 1970년 9월 15일 예천군 보문면 재무계장으로 정년퇴직하셨다. 예천군에서 지방 행정공무원 정년퇴직 제1호라고 한다. 아버지께서 5.16 후 면장, 부면장이 모두 강제 사직되어 거의 1년 가까이 면장 직무대리를 하셨다.

당시 여론이 윗사람들에게 조금만 힘쓰면, 이른바 시쳇말로 와이로(뇌물)를 쓰면 면장 발령이 날 텐데 아버지는 본인의 출세를 위한 그런 일은 절대로 하시지 않는 분이었다. 끝내 아버지는 1970년 농산계장에 이어 최종보직인 재무계장으로 정년퇴직하셨다.

아버지에게 있어서 1970년대는 참으로 희비가 교차하는 행복과 고통의 시기였다. 1970년대 전반기인 75년까지는 아버지에게 있어서 가장 행복한 시기였다. 1970년 3월 아버지께서 그렇게 바라던 장남이 중등학교 교사로 발령되었고, 그해 결혼까지 하는 경사가 겹쳤다. 뿐만 아니라 최고령 면서기직에서 많은 지인들이 참석한 가운데 축복 속에 정년퇴임식을 하게 되었으니 공직도 깨끗하게 마무리한 셈이다.

그런데 호사다마好事多魔라더니 1975년 회갑연에 태산같이 믿던 장남이 당시로서는 죽음보다 더 무서운 간첩 사건에 연루되어 5년의 징역형을 받은 것이다.

그 당시 우리 사회에서 이보다 더 무서운 형벌은 없었다. 모든 형벌은 죄지은 사람 본인에게만 그 형벌이 적용되지만 국가보안법은 그 가족은 물론 친인척에게도 영향을 미치는 연좌제가 있었다. 그보다 더 무서운 것은 온 가족들이 사회로부터 소외되고 고립되는 형벌이기 때문에 무섭다는 말만으로는 표현되지 않는 참으로 가혹한 형벌이다.

이 5년 동안이 아버지에게는 일생 중 가장 고통스러운 시기였을 것이다. 5년이 아니라 그 후유증은 돌아가실 때까지 지속되었다. 그러나 아버지께서는 그 어려운 시기를 조금도 위축되지 않고 꿋꿋한 의지와 당당한 삶으로 가정을 지키고 한시적이지만 아비 없는 어린 손녀들에게 아버지 역할까지 하시면서 가정을 지켰으니 참으로 대단한 분이셨다. 당시 10식구의 가장이었던 내가 영어의 몸이 되자 나의 빈자리는 아버지의 몫이었다.

건국대학교 법대 2학년으로 고시반에 선발되어 고시를 준비하던 동생(시백)은 입대하였다. 그래도 시백이가 난파선의 선장인 아버지에게 한 가닥 희망의 등불이었다. 군 복무가 끝나자 수산업협동조합중앙회 제1회 공채시험에 전국 수석합격으로 수협중앙회에 입사하였기 때문이다. 절망에 빠진 우리 집안에 한 가닥 희미한 등불이 되어 모든 가족에게 위로와 희망이 되었다. 감옥에 있던 나에게도 아버지의 편지를 통한, 이 소식은 구속된 후 처음으로 나에게도 한없는 위안과 희망이 되었다.

서울 중곡동 용마중학교 1학년에 입학하였던 막냇동생(시열)은 아버지가 계신 예천으로 전학했으나 1개월 동안 출석부에 이름도 올려주지 않았다고 한다. 아버지께서 친분이 있는 교육장(최원한)에게 부탁하여 겨우 이름을 올렸다고 하니 그런 수모를 당하면서도 탈선하지 않고 끝까지 학교에 다닌 시열이도 참 대견하게 느껴졌다.

나의 딸 셋(윤선, 명선, 혜진) 중 위로 둘 또한 시골 할아버지와 할머니가 맡아서 기르고, 아내는 셋째 딸만 데리고 서울에서 행상에 나섰다. 여고생인 숙희는 영주누님이 맡았다. 하루아침에 온 집안이 풍비박산 된 것이다. 그런 가운데서도 아이들 모두를 건전하게 성장시키며 가정이 유지되도록 한 것은 아버지, 어머니의 의지와 인품이 낳은 결과일 것이다.

서울 구치소에 수감되어 1년 2개월이나 끌던 재판 중에는 그래도 희망을 걸고 있었다. 변호사가 아무리 반공법이라 해도 잘되면 기소유예, 무거워도 집행유예일 것이라는 장담이 있었기 때문이다. 그러나 그 장담과는 달리 국가보안법을 적용해 15년 구형에 5년 징역형이란 1심 판결이 떨어졌고, 그 1심 판결은 대법원까지 그대로 확정되었다.

누가 봐도 집안은 망했다고 볼 수밖에 없었다. 이 어려움을 이겨내야 할 분은 아버지의 몫일 수밖에 없었다. 수입원이라고는 농사뿐이었으니 집안 형편은 말이 아니었다. 그런 가운데 아들 옥바라지까지 해야 했으니 말로 표현할 수 없다. 그러한 5년 세월을 굳건하게 가족을 결속시키고 손녀 아이들을 구김살 없이 키웠으니 참으로 상상이 안 되는 어려움의 극복이었다.

1975년 구속 당시 4살, 3살, 1살이었던 딸아이들은 1980년 출소하니 큰딸 윤선이는 시골 초등학교 2학년이고, 둘째 딸 명선이는 서울 천호초등학교 1학년이었다. 막내 혜진이는 취학 전이었다. 아이들은 할아버지를 아버지로 생각하고 조금도 구김살 없이 자라 주었다. 할아버지, 할머니에게 매달리며 재롱부리며 그늘진 곳 없이 자랐다.

기억에도 희미할 아비인 나에게는 오히려 서먹서먹하게 대하며 슬슬 피하는 눈치였다. 그도 그럴 것이 갑자기 초라한 모습의 중년 사나이가 아버지라고 나타났으니 무슨 신뢰가 있을 수 있겠는가?

이 어려움을 극복한 아버지·어머니 그리고 나의 아내는 우리 가문의 영원한 전설일 것이다. 이때 아버지를 물심양면으로 돕고 가정을 지키는 데 힘이 된 분들은 영주시청 공무원을 남편으로 둔 누님과 아버지의 여동생인 나의 고모들이었다.

누님은 주말마다 와서 아버지의 농사일을 돕고 위로와 경제적 도움을 5년 동안 늦추지 않았고, 개포면 금동에 사는 나의 고모는 2십 리가 넘는 먼 길을 머리에 쌀을 이고 우리 집을 드나들며 아버지에게 힘과 용기를 주었다고 한다.

어둠은 빛을 이기지 못했다

덕불고필유린德不孤必有隣이라 했던가, 그 암흑暗黑한 가운데서도 주변으로부터 도움의 손길이 있었던 것은 아버지, 어머니의 평소 인품일 것이다.

길고도 캄캄한 동토에서의 5년 세월도 다 지나갔다. 내가 대구교도소에서 출소하던 날 예천경찰서 정보계장이 나의 신병인수를 위하여 교도소까지 들어와서 나는 까다로운 출소절차도 없이 바로 나왔다.

그 형사 왈 "서장께서 모셔오라 해서 왔습니다."

나는 말 없이 그를 따라 밖으로 나오니 아버지, 어머니, 아내 그리고 장인어른 등이 나를 기다리고 있었다. 감정 표현을 잘하시지 않는 아버지께서는 5년 만에 출소하는 나를 말 없이 측은한 눈빛으로 바라보실 뿐이었다. 점심을 먹기 위하여 식당에 들어가서 나는 아버지께 큰절을 올렸다.

예천에 도착하니 6시 30분이었다. 정보계 형사가 "서장님이 퇴근도 하지 않고 기다리십니다"라고 하면서 나를 서장실로 안내했다. 서장 이하 경찰서 간부들이 모두 기다리고 있었다. 서장은 언제 내 주변을 샅샅이 조사했던 모양이다.

서장 왈 "고생 많이 했소. 우리의 도움이 필요하다면 적극적으로 도와드릴 테니 언제라도 말씀 하세요. 아- 그리고 선생 처제가 숙대 나왔더군요. 내 아내와 동문입니다. 어려움이 있으면 최대한 도움을 드리겠습니다. 가족들이 기다리니 빨리 집으로 가시오."

의례적인 말을 귓전으로 흘리며 나는 아버지와 함께 집으로 향했다.

5년간의 옥살이를 마치고 돌아오는 나를 보기 위하여 낯익은 얼굴들이 마을 입구부터 모여있었다. 그들은 미호리 출신으로 김응기(북한 최고인민회의 부의장, 적십자사 총재, 주체코 대사, 노동상을 지냈다고 한다) 씨가 일제강점기 때 항일운동을 하다가 치안유지법으로 몇 년간 징역 살고 반죽음이 되어 들것에 실려 나오는 것을 본 분들이다. 그래서인지 국사범이 얼마나 무서운지 알고 있는 분들이다.

치안유지법보다 더 무서운 국가보안법으로 5년이나 옥살이를 한 시우가 과연 성한 몸으로 나올 수 있을까! 동구에서 나를 반기는 아주머니들의 얼굴에서 그걸 읽을 수 있었다. 집에 들어서니 친인척들과 동민들이 좁은 집안을 가득 메웠다.

3일 동안은 잔칫집 같았다. 손님들이 돌아가고 집안 식구들만 남았을 때 비로소 정신을 차리고 집안을 살폈다. 아버지, 어머니의 온몸에는 5년 동안의 마음고생과 피곤함이 역력하였고, 가난으로 찌든 흔적이 곳곳에 남아있어 내 마음을 몹시 아프게 했다.

그래도 3딸 아이들은 할아버지에게 매달려 목과 얼굴을 만지며 티 없이 재롱을 부리는 모습에서 아빠, 엄마의 사랑에 굶주린 아이들이 아빠, 엄마 대신 할아버지, 할머니를 아빠, 엄마로 대하고 있었다. 할아버지, 할머니가 아이들에게 얼마나 깊은 사랑을 베풀었는지 금방 알 수 있었다.

사회활동을 재개하시다

　아버지는 1981년 4월 1일 유도회 예천군지부 부지부장에 피선되었다. 1981년 12월 18일 사단법인 대한노인회 보문면 분회장에 취임한 후 네 번이나 연임하시어 1990년 1월 말 서울로 거주지를 옮길 때까지 계속하셨다. 1982년 4월 20일 가락 예천군 종친회장으로 피선되어 연임 후 1986년 후임회장(김재석)에게 자리를 물려주셨다.

　이와같은 아버지의 사회활동은 1990년 2월 서울 장남(시우)의 집으로 이사하시면서 끝이 난 셈이다. 고향에서의 사회활동은 자연스럽게 마감된 것이다. 서울로 이사하게 된 것은 어머니가 중풍으로 쓰러졌기 때문이다. 5년 동안의 정신적 고통과 스트레스, 경제적 어려움 속에서 쇠약해질 대로 쇠약해진 신체에 병마가 덮친 것이다. 아직도 장남(시우) 옥살이의 후유증이 완전히 가셔지지는 않았지만, 그래도 조금씩 회복되는 가운데 어머니, 아버지에게 그 후유증이 나타나는 것 같아 매우 죄스럽고 안타까웠다.

　출소 2년만인 1982년부터 11대 국회의원(한국국민당 김기수) 비서관이 되면서부터 주변의 곱지 않던 시선이 풀리기 시작하였다. 1984. 6. 30까지 의원보좌관 생활이 끝나고 국가원로인 박진목, 송남헌, 송지영, 이건호, 서영훈 등을 모시고 김상옥·나석주 열사 기념사업회 실무를 맡으면서 인맥의 보폭을 크게 넓혔다. 아버지께서도 지방에서 인정받는 유지로 본래의 모습을 되찾게 되었다.

　1987년 장남이 가락중앙종친회 사무총장으로 취임하면서 전국적으로 보폭이 넓어지고 가락중앙종친회에서 재단법인 가락국사적개발연구원을 설립, 그 연구원이 한국고대사

즉 가야사 연구의 중심에 서면서 장남의 보폭은 학계에까지 크게 넓어진 모습을 보시면서 다소 안도하시는 가운데 1995년 6월 15일 어머니께서 79세로 타계하시고, 1995년 6월 25일 열흘 사이에 아버지께서도 수 81세로 타계하시면서 두 분의 생애는 이로써 마감되었다.

  그 자녀들은 아버지, 어머니를 추모하는 비문을 남겼다.

아버지, 어머니의 비문

여기 새소리, 바람 소리 벗 삼은 맑은 두 영혼이 잠들어 있다. 부夫 두형斗亨 님은 1915년 2월 16일 이곳 미호리에서 김해김씨, 자字 문보文輔 창병昌柄 님과 경주김씨 간동艮洞 님의 장남으로, 부婦 원녀源女 님은 1917년 2월 14일 예천군 용문면 구계리에서 전주이씨 희령군파로 향방에서 이름난 선비, 호 동운桐雲, 휘 순행淳行 님의 장녀로 태어났다. 1937년 부부로 연을 맺은 후 아들답고 며느리다운 도리로 부모와 시부모 봉양에 정성을 다하였고, 남편과 아내로서 세 아들과 두 딸에게 가이없는 사랑을 기울였다.

아버지는 30년간의 공직생활은 물론 농사에도 열정적이어서 1958년 국회의장, 농림부장관, 서울신문사장, 도지사, 군수로부터 독농가로 표창되었다. 1982년 가락 예천군 종친회장 연임 등 일생을 통하여 성실, 근면, 신의로운 분으로 널리 알려졌으며, 어머니는 자애로운 성품과 뛰어난 필력으로 부덕을 쌓아 주위의 부러움을 샀다. 1995년 6월 15일 어머니가 향년 79세로 타계하시어 이곳을 유택으로 삼고 10일 후인 6월 25일 아버지께서 뒤를 따르시니 수 81세였다. 어버이의 크신 은혜와 사랑을 기리고자 아들, 딸들이 뜻을 모아 여기 빗돌을 세운다.

아들	시우 · 처 영월인 신종갑	딸	춘희 · 夫 반남인 박원수
	시백 · 처 양천인 허찬숙		숙희 · 夫 창원인 황종철
	시열 · 처 달성인 손정해		
손자	종호 · 처 경주인 김승희	손녀	윤선 · 夫 죽산인 박준석
	종원		명선
			혜진 · 夫 에릭모브랜드(스웨덴)
			희진 · 夫 광산인 김현우
			세인 · 夫 인동인 장명학
			세영
			채원

영원한 안식처 영침원永寢苑

　이 영침원은 김해김씨 율은공파(파조: 김저竚, 사명 遜) 19대 두형 공의 부父, 조祖와 그 후손들이 안장된 가묘家墓이다.

　율은공파 10대 매죽헌 공은 향방에서 우뚝한 선비로 아들 6형제를 두었는데 셋째 아들 미천眉泉 화중華重 공은 두형 공의 8대조이다. 문과로 삼가 현감을 지낸 연고로 그 후손들은 삼가공파로 분적된다.

　두형 공은 1937년 전주이씨 희령군의 19세 원녀源女 여사와 부부의 연을 맺어 신의·성실·근검으로 가풍을 이루며 가세를 일으키고 자녀교육에 혼신을 다 하느라 몸은 늘 땀에 젖어있었다.

　훌륭하신 조상을 모셨다는 긍지와 함께 숭조상문崇祖尙門의 가르침으로 선대의 유업과 전통을 지키고 빛냄에 어긋남이 없도록 마음에 새겨 실천에 정성을 다하셨다. 이에 훈도된 자녀들도 각기 제 몫을 하는 사회인으로 성장하였다. 시우 등 5남매는 양지바르고 안온한 이 언덕에 증조부 이하의 유택을 모시고 父와 母가 이룩한 가풍이 이어지기를 바라는 마음으로 이 가족 묘원을 조성하고 영침원이라 이름하였다.

2023년

아들 시우·시백·시열, 딸 춘희·숙희 5남매가 삼가 이 묘원을 조성한다

金斗亨 年譜

1915.09.15. 예천 미호동에서 부 김창병金昌柄, 모母 경주김씨慶州金氏 김간동金艮洞의 장남으로 태어남
1934.03.21. 예천 사설 대창학원 졸업
1935.06.09. 봉화 금정광산 채광계 감독
1937.12.27. 전주이씨 순행淳行의 장녀 원녀源女와 결혼
1939.10.07. 예천군 농회기수보技手補
1941.09.04. 장녀 춘희春熙 출생
1943.11.22. 예천군 보문면 기수技手로 진급
1944.01.05. 장남 시우時佑 출생
1947.04.01. 예천군 보문면 기사技士로 진급
1949.06.01. 예천군 보문면 지방주사主事
1953.12.06. 차남 시백時伯 출생
1954.03.29. 보문면 농촌지도소 부소장
1955.01.08. 보문면 의용소방대 대장
1956.05.15. 보문면 지방농업 기사보技士補
1958.05.31. 차녀 숙희淑熙 출생, 보문면사무소 의원사직
1958.08.15. 독농가표창장 수상(서울신문사 사장)
1958.08.15. 독농가 감사장 수상(농림부장관)
　　　　　　독농가 감사장 수상(국회의장)
1959.01.01. 보문면 농산계장으로 복직
1960~1961. 보문면장 직무대행

1962.02.10. 3남 시열時烈 출생
1970.09.15. 보문면 재무계장으로 정년퇴임
1981.04.01. 유도회 예천군지부 부지부장 피선
1981.12.18. (사)대한노인회 보문면 분회장 피선
1982.04.20. 가락예천군종친회장 피선
1983.04.14. 대한노인회 보문면 분회장 피선(연임)
1984.04.25. 가락예천군 종친회장 피선(연임)
1985.04.15. 대한노인회 보문면 분회장 3선
1988.04.29. 대한노인회 보문면 분회장 4선
1990.02.   서울 이주
1995.06.15. 수 79세로 부인 타계
1995.06.25. 수 81세로 타계

金斗亨의 家系

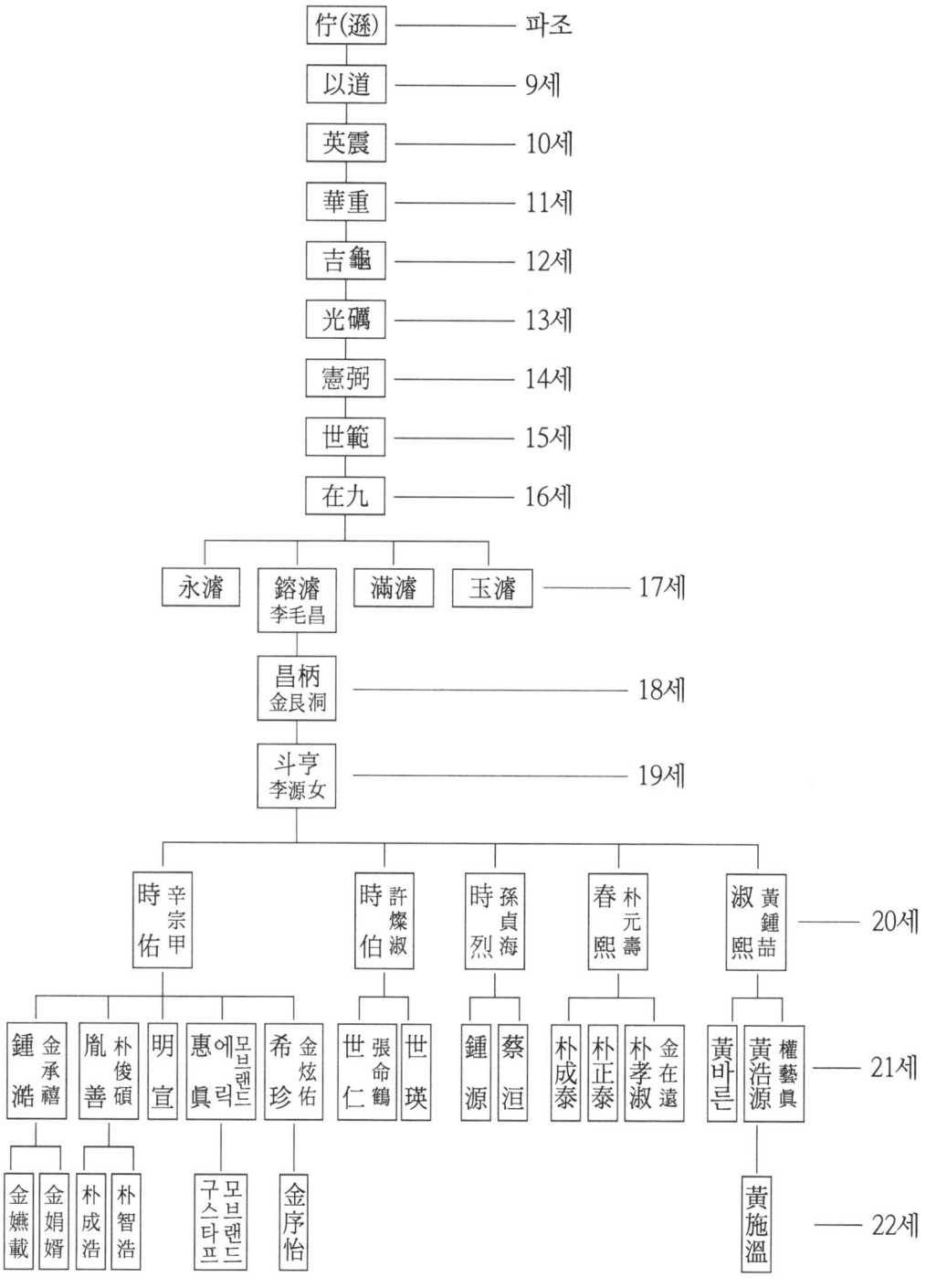

母系(어머니)의 家系
全州李氏 熙寧君

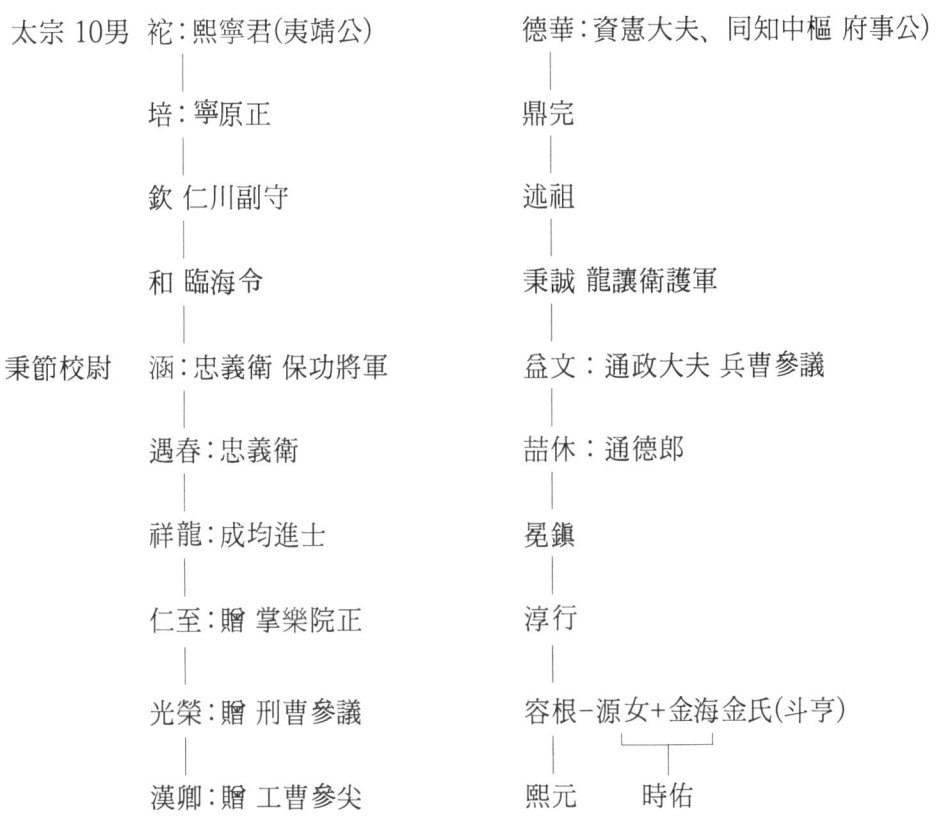

II.
아버지의 유고

祭 文

아버지께서 처 백부의 종상終祥 일에 보낸 제문이다. 처 백부는 강릉康陵: 明宗王陵 참봉(휘 순학淳學)으로 향방에 널리 알려진 선비였다.

세차歲次는 경자庚子 10월 신해辛亥 삭朔 초2일 임자壬子는 즉 우리 가까운 인숙姻叔 참봉參奉 전주이공全州李公의 종상終祥:大祥을 지내는 날입니다. 전날 저녁 신해辛亥에 질녀 사위 분성盆城 김두형金斗亨은 삼가 과실과 어포魚脯를 갖추어 재배再拜하고 통곡하며 공경스런 마음으로 영상靈床의 아래에 제사를 올리나이다.

"아, 현산峴山의 북쪽, 용문龍門의 남방은 참의參議의 옛 터전으로 복록福祿이 완연하네. 왕괴王槐로 덕을 심고[1] 사수謝樹가 빛을 더하니[2], 귀계龜溪 한 구역區域에는 대대로 꽃다움이 있었네. 연계蓮桂[3]가 가문에 가득하고 규벽奎璧: 笏과 인수印綬를 잡은 관리가 빛나도다."

이런 집안에서 태어나 천진天眞함을 즐겼고, 온화한 마음으로 사물을 대하고 검소한 자세로 몸을 다스렸지요. 가정은 돈독하고 화목하였고, 이웃들도 친밀하게 따랐지요. 저와 같이 보잘것없는 사람으로 공의 가문家門에 드나들며 소자小子가 가실家室을 받았으니, 공께서는 질려로 사랑하며 비할 데 없이 돌보아 주셨는데 자주 안부도 여쭙지 못했지요.

---

1) 왕괴(王槐)로 덕을 심고 : 조상이 자손의 영달을 비는 것을 비유한 말. 송(宋)나라 병부시랑(兵部侍郎) 진국공(晉國公) 왕호(王祜)가 재상의 덕망이 있었으나 직언(直言)했던 까닭에 끝내 재상이 되지 못하자, 뜰에 세 그루의 홰나무(三槐)를 심고 "내 자손 가운데 반드시 삼공(三公)이 되는 이가 있을 것이다"라고 했다. 이윽고 아들인 위국(魏國) 문정공(文正公) 왕단(王旦)이 재상이 되었다는 고사에서 연유함. 소식(蘇軾)은 이를 두고 〈삼괴당명(三槐堂銘)〉을 지었다.

2) 사수(謝樹)가 빛을 더하니 : 가문을 빛낸 자질(子姪)을 비유하는 뜻으로 쓰이는데, 사가보수(謝家寶樹)의 줄인 말로 사가수(謝家樹)라고도 하며, 사정란옥(謝亭蘭玉)에서 유래하였다. 여기서 사가(謝家)는 진(晉)나라의 양하인(陽夏人) 사현(謝玄)과 그의 숙부 사안(謝安)의 가문(家門)을 가리킨다.

3) 연계(蓮桂) : 과거(科擧)에 급제함을 말함. 생원(生員) 진사에 급제한 것을 연방(蓮榜), 대과(大科)에 급제한 것을 계방(桂榜)이라고 한다.

소자가 복록福祿이 없어서 악공岳公:丈人은 일찍 세상을 떠나시고 빙모氷母:聘母께서 살아남아 의탁할 곳이 없었지요. 공의 돈독하고 화목함으로 반드시 많은 명사螟嗣:養子⁴⁾가 있었지요. 이 뒤로부터 정이 남달라 생관甥館:사위을 돌아보니 문호門戶가 황량荒涼했지요. 소자의 죄가 쌓여 일찍이 천상天喪:父喪을 당했으니 의지하며 우러러 볼 사람이 누가 있었겠습니까. 다만 공이 곁에 계셔서 바른길로 인도해 주시고 의로운 방도로 가르쳐 주셨지요. 제가 비록 명민明敏하지 못했으나 어떻게 잊을 수 있겠습니까. 공께서 평안하고 건강하시어 길이 기대려고 했더니, 어찌 한 번 질병으로 갑자기 좋지 못한 지경에 이르렀습니까.

　아. 끝났도다! 이 세상에서 양羊을 잃어버렸더니,⁵⁾ 세월은 빨리 흘러 종상終祥을 치를 기간이 임박臨迫하여, 의형儀形이 길이 감추어지겠지요, 하얀 장막帳幕이 적막하네. 이렇게 늦게마나 통곡함도 다른 사람들보다 뒤져, 술 한잔에 향을 사르며 지금에야 와서 고합니다. 삼가 존령尊靈께서는 많은 도움을 내려 주십시오. 아, 애통하도다. 흠향歆饗하시옵소서."

---

4) 명사(螟嗣:養子) : 나나니벌이 명령(螟蛉:배추벌레)의 새끼를 업고 가서 제 자식으로 삼는다는 말에서 유래한 것으로, 양자(養子)를 말함. 〈시경(詩經) 소아(小雅) 소완(小宛)에 "배추벌레가 새끼를 낳았는데 나나니벌이 업고 가네.[螟蛉有子 蜾蠃負之]"라는 구절이 있음.
5) 양(羊)을 잃어버렸더니, 어떤 물건을 잃어버림. 여기서 고인(故人)이 돌아가심을 망양(亡羊)에 비유한 것.

祭 文

아버님께서는 슬하에 아들이 없던 장모님을 뫼시었으며 장모님의 소상을 맞아 손수 제문을 지으셨다.

유세차 무신 정월 기해 삭 14일(임자). 오늘은 고 빙모님 전주이씨 부인 안동권씨 중상中祥지일이라, 사위 분성 김두형은 보잘것없는 식물이오나 삼가 갖추어 몇자황사數字荒詞로 통곡하며 영상 앞에 엎드려 일언정회 없지 못하여 듣고 뵈온 바를 대강대강 아뢰나이다. 아– 슬프도다. 인간 일생 초로 같고 부운 같아 만나면 이별이오, 생자는 반드시 죽는 것이 자연의 법칙이지마는 가는 세월 막지 못하고 오는 백발 쫓지 못하는 것이 한이외다. 연분일까, 배필일까. 불민한 사위귀문래왕백년객이 된 지가 반평생의 세월이 흘렀습니다. 오호 유인 빙모님은 대성법문에 생장하여 국족대방가에 출가하여 문장과 범절이 훌륭하고, 시부모를 섬김에 효성이 지극하고, 남편을 받듦에 지순하며 일가친척에 유정有情하고, 제사를 받들고 손님을 접대함에 예를 다하였으며, 인척에 인자하고 자녀 조카를 가르침에 법도가 있으며, 방직과 침봉에 뛰어나 부도婦道에 훌륭하고 천만사가 능란하여 여중군자였습니다. 이에 듣고 보는 사람들이 모두 추앙하고 칭찬하여 여성사회에서 무언의 사표가 되었습니다. 그러나 인간 세상 한평생에 인자유복 헛말이고 오복구비 어려운 모양입니다. 오호 유인 빙모님은 40여 년에 액운인가 불민 사위와 연이 없음인지 문장도덕 겸비하신 빙부님과 사별하였으나 당시의 변고를 70까지 하루같이 애통함을 지니셨습니다.

무자삼녀無子三女를 양육함에 교육에 정성을 다하시어 세 자매를 출가시켜 가는 곳마다 외손자, 손녀들이 화기애애하게 지내어 길경吉慶을 즐겼으며 조카로 후사를 이어 선영에 향화를 받들고 태산같이 미래를 위의하더니 중년에 운수불길하여 그 양자를 앞세우는 참변을 당하셨습니다. 이때 애통망극하여 대성대패하시는 말씀, 팔자운수 불길하여 희년稀年이 멀지 않은 이내 몸도 가엾지만 며느리의 청상과 다시 못올 황천길을 가는 네가 더욱 가엾구나. 부아婦兒:며느리 심정 짐작컨대 일촌간장 찢어질 것이나, 너나 나의 사주팔자 정한 바라 통곡한들 어찌하랴. 다행히 손자 형제 볼작시면 기골이 장대하고 외모가 비범하니 조상향화 받들겠고 여생의탁할 것이다. 이렇듯이 말하시며 고부 서로 위로하니 여중장부 아닙니까. 오호 유인 빙모님은 인자함이 유달라서 불민 사위 귀문출입 내왕할 때 신년 초나 한절에는 더운 곳에, 혹서에는 시원한 곳에 때를 맞춰 영접하며 귀한 과실과 별미의 떡과 반찬 정답게 담아주시고, 시시교시하실 때에 친자녀나 다름없고, 문전배별門前拜別하올 적에 전송하기 애처로와 멀리 바라보시던 모습 어제 오늘 뵈온 것 같고, 웃고 즐겨하시면서 정의정식情衣情食 주시던 것, 어제 오늘 받은 것 같으니 무심한 사위이나 다시 생각 새롭습니다. 정담정곡하시던 모습 언제 다시 어느 곳에서 듣고 뵙고 하오리까? 인간 일생 헛부이다. 과거 중년 수년간을 출가녀도 자식이라 애정으로 찾으시와 조석거처朝夕居處 되실 때에 한설절기 때를 따라 허다한 불대접도 허물치 않으시고 수년을 하루같이 희로변색 없으시며 변함없는 애정으로 상대 담소하시던 모습 다시 뫼서 보았으면 애타게도 생각되나 헛된 마음뿐이외다. 오호 유인 빙모님의 세상 행로 볼작시면 행복했다 못할지나 사후 복력 볼작시면 남은 경사 진진하오. 빙모님 하세후에 자녀 사위 모여 앉아 호곡 위령하오면서 장지를 논의하야 선영하에 안장하니 복인이 길지를 만난 듯 산지山地가 안포安胞하고 주위 산맥이 수려하며 부부婦와 손孫의 효도 보면 위령향화 극진하고 봉제접빈奉祭接賓 훌륭하며 가도家道가 서고 가세가 나아지니 사후 장래에 창대의 성광이 비취오니 고요한 천대하泉坮下에서 고이 길이 잠드소서. 그윽한 영위 앞에 따님과 함께 와서 장모님요 어머님요 한숨 짓고 통곡하며 불러봐도 대답 없고 울어봐도 한이 없어 일성장호 물러서니 촛불이 휘황하고 산월山月이 처량하오. 아시나요 모르시나요, 유명이야 다를지나 물박정소物博情踈 노여워 말고 무심한 사위 여식 생전 사후 섭섭하심 생세시生世時의 애정으로 노여움을 누르시고 굽어 흠향하옵소서.

오호애재. 통재 상향

吊 辭

격량의 세월속에 고락을 같이하고 문중 대소사를 협의 의논하던 족형族兄이요, 또 친구였던 고故 김두영金斗永 님의 소상을 맞아 아버님께서 손수 지은 제문祭文이다.

維歲次 九月 初十日 族弟 斗亨은 北邙에 누운 형님의 靈前에 忽忽히 몇자의 글을 올려 울적한 마음과 슬픈 懷抱를 풀고자 하오나 처음부터 가슴이 막히고 손이 떨려옴은 형님과 나의 恪別한 情分과 風風雨雨 온갖 風霜속에 苦樂을 같이하다가 문득 형님은 寂寞江山에 홀로 누워 幽冥을 달리함이 너무나 冤痛하고 痛念한 일이라 차마 말문이 막힌 모양입니다.

嗚呼通哉! 형님이시여.

昨年 가을 三十餘 星霜 하루같이 가꾸고 아낀 親睦會에 한 번도 빠진 일이 없는 형님이 별안간 진찰 차 上京하셨다는 말을 듣고 적이 놀라고 不安한 豫感이 들었으나 이렇듯 北邙의 길을 쉽게 가실 줄이야 어찌 생각이나 했겠나이까.

親睦會를 代表하여 金斗成, 金正基 님 등 3명이 不遠千里 서울까지 問病을 갔을 때 형님이 나의 손을 잡으시고 家事며 門中事며 親睦會를 引繼하시며 惜別을 못내 아쉬워 하셨나이다. 뒤에 들으니 그때 이미 형님은 令息 時哲에게 訃告며 墓地며 諸般事를 遺言하시며 北邙의 차비를 차린 모양이나 그렇듯 泰然하게 갖가지 뒷일을 걱정 처리하고 계셨으니 實로 형님은 死生觀을 確實히 하고 生死를 超越한 면이 없지 않았나이다.

그후 人便마다 病勢가 尋常치 않다는 말을 듣고 再次 上京하고픈 心情 懇切하더니 落葉 歸根을 平素에 자주 말씀하시던 형님이 문득 歸鄕하셨으나 이 어찌 된 일입니까?

걸어서 나가신 형님이 업혀 들어오시며 단단하고 강직한 옛 모습은 간곳없고 불과 10여 일 전보다 宛然히 짙은 病色이 더욱 심하니 온 집안 온 문중이 형님의 快差를 빌고 형님의 병세를 안타까워하나 저 扁鵲보다 더 神通한 現代의 絶妙한 醫術로도 차도가 보이지 않고 永訣을 서두르시니 嗚呼痛哉!

人生의 虛無함을 비로소 앎이 아니나 참으로 인생의 갖가지 喜悲를 함께 나누던 형님을 永遠히 잃는 데 直面한 나는 人生의 虛無한 것을 새삼 슬퍼하지 않을 수 없나이다. 형님은 일찍이 7세에 벌써 부친상을 당하여 의젓하고 毅然하게 喪主의 所任을 다하여 그 그릇이 예사 아님을 보이시었고 그 후 집안 살림을 맡아 홀어머님 봉양에 지극한 孝誠을 보이시었고 妻子, 同期와 조카의 養育에 정성이 他人의 追從을 不許했으며 門中事 및 社會 諸般의 出入과 凡百事를 나와 함께 議論하며 激動과 波瀾의 六十星霜을 實로 肝膽相照 刎頸之交로 一貫했으니 管鮑의 交인들 예서 지날 수 있겠으며 友愛가 아무리 깊다 해도 이보다 깊지는 못할 것이외다.

형님의 令息 時哲 君과 家兒 또한 서울에서 父子의 交를 이어 世交의 情을 맺고 敎育界에 從事타 家兒가 不運하여 不幸케 되자 朝夕으로 염려함이 마치 親兄같은 훈훈함과 든든함을 보일 때 나의 勇氣를 倍加시켰나이다.

형님이시여! 이제 내가 천번 만번 소리쳐 부르나 외로이 무덤에 눈감고 누운 형님이 寂寂히 대답이 없고 천번만어를 끄적거리나 형님이 일어나 볼 턱이 없지만 온 마을의 구석구석까지 형님의 손때가 묻지 않은 곳이 없고 집집의 사랑마다 형님의 육성이 울림지지 않은 곳이 없거늘 무엇이 급하여 별처럼 반짝이다 번개같이 가시나이까. 내성천 백사장의 씨름놀이 栗湖亭의 花煎놀이 정든 친목회원 금옥같은 손자 손녀 그보다 천백세 이어갈 미울 미울이 못 잊어 어찌 차마 발길을 돌리셨나이까

지금 내가 앉은 이 집의 役事를 준비하기 三十年 하나의 돌과 적은 나뭇가지에 이르기까지 형님의 精誠과 體臭가 풍기지 않는 곳이 없나이다.

南下亭 큰 工事를 陣頭指揮할 때 그 苦痛과 그 隘路인들 얼마나 많았겠습니까? 그러나 형님이 한 번 와서 그 높은 뜻과 깊은 情을 다 쏟지 못하고 비록 夭折이라 할 수는 없으나 홀연히 떠나버리시니 寂寞江山에 나 혼자 남은 듯한 허전하고 섭섭한 정 가눌 길 없어 형님의 靈前에서 이렇게 외쳐보나이다

형님이시여! 우리가 형님이 千秋萬代를 계실 줄만 알고 그 뜻을 다 전해 받지 못함이 恨

되나 이제 門中(문중)의 젊은이들이 형님이 남긴 遺業(유업)을 훌륭히 가꾸고 키울 것을 의심치 마시옵소서. 또 지난 달에는 형님이 가꾸고 늘인 친목회비를 회원들의 결의에 의해 계금의 일부를 분배하여 家用(가용)에 보태니 형님의 큰 덕 칭송치 않는 자 없었나이다.

  이 글을 쓰는 시간이 정히 淸秋(청추)라 선들거리는 나무 끝의 淸風(청풍) 무심한 雲間(운간)의 明月(명월) 이름 모를 벌레소리 어느 것 하나 형님을 생각하는 懷抱(회포)를 더욱 크게 하지 않는 것이 없나이다. 人迹(인적)없는 空山(공산)에 홀로 누운 형님이시여! 듣습니까? 못 듣습니까?

  靈(영)이 있다면 길이 평안하소서.

1981년

族弟(족제) 斗亨(두형) 再拜(재배)

追悼辭
<small>추 도 사</small>

추도사는 고 김두옥金斗玉 님 대상을 맞이하여 미호 친목회를 대표하여 손수 지은 제문이다.

維歲次 癸亥十一月丙寅朔二十二日 金海金公 中祥之日이라. 前夕乙亥에 六甲長 金文植外 會員全員이 數品果魚에 薄酒一盃로 靈床 앞에 모여서 대강대강 告하나이다. 古語에 稱하기를 人間七十古來稀라 하였지만 今世 文化發達로 壽命이 延長되어 八十享壽普通인데 嗚呼我公偶然得病數年間에 愛胤의 四兄弟가 至極한 孝誠으로 持病에 誠心誠意 다했지만 百藥이 無效하고 무녀복서 허사되니 造物의 猜忌인가. 七十二歲가 定命인가. 多情한 妻子女와 일가친척 다 버리고 머나먼 黃泉길을 어이 그리 쉽게 가오. 嗚呼我公生世時에 門中會合大小事를 議論할제 嚴肅히 坐定하고 하는 말씀 구절구절 名談이요, 事事件件 正當하여 門子侄에 訓導말씀 어느 누가 거역하리, 積善의 陰德으로 名山大地安葬하니 周圍가 安抱하고 靑龍白虎 웅장하며 前後에 山勢莊嚴하니 福人이 逢吉地라 하는 말은 이를 두고 이름인가 하나이다. 愛胤 四兄弟 勤儉하고 誠實하며 信義德行卓越하니 家道漸漸 潤澤하고 大小家에 友愛이며 일가친척 和睦하고 奉祭祀 接客이며 對人處事 능수능란 凡百事가 훌륭하니 稱訟이 藉藉하고 令孫의 용모 보면 體格이 長大하고 외모가 준수하며 얼굴이 총명하니 來頭에 昌大之望可히 짐작되나이다. 嗚呼라 公이시여. 靈魂이 계시거든 너무 심려 마시옵고 고이 길이 잠드소서. 우리 六甲 員들은 年中行事 하나로서 年年이 소풍놀이, 봄으로는 花煎놀이, 여름에는 避暑놀이, 가을에는 丹楓놀이, 季節 따라 山水 따라 景致 좋은 名勝地에 소풍할제 都市山谷 다 가봐도 山川求景 더욱 좋지, 樹木 사이 흐르는 맑은 물을 마음껏 마시고서 땀을 씻고 앉아보니 여기저기 滿發한 꽃봄향기를 풍기는 듯 온갖 잡새 우는 소리 쾌활하며 우리 보

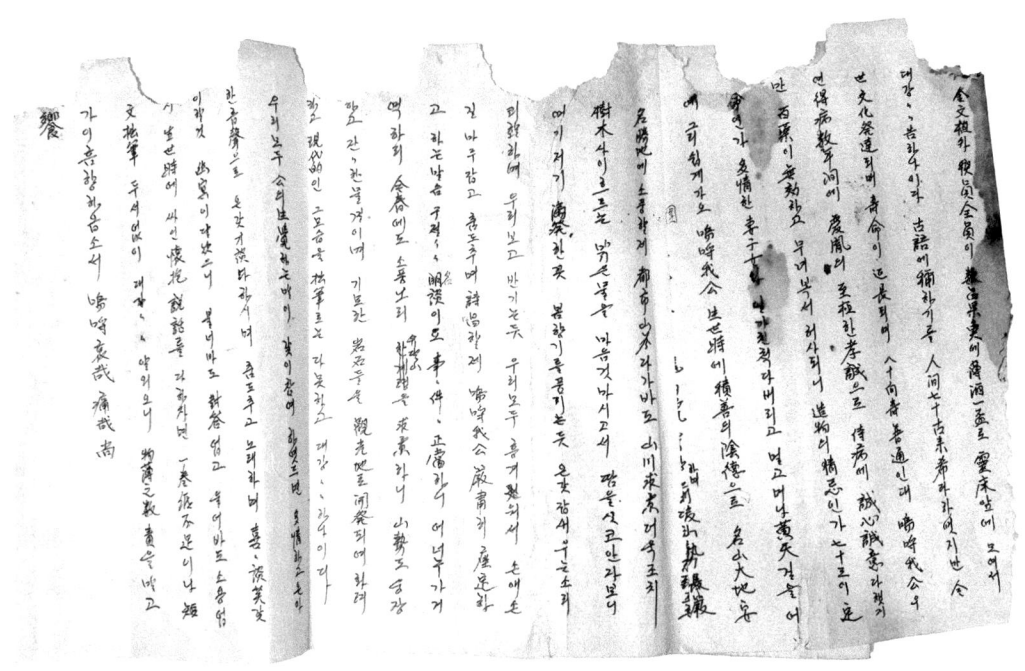

고 반기는 듯 우리 모두 흥겨워서 손에 손길 마주잡고 춤도 추며 詩唱할제 嗚呼我公 청아한 音聲으로 時調 詩하올 적에 座中 인기 독점했지. 今春에도 소풍놀이 大邱를 求景하니 達城公園 수성 못가 구석구석 觀覽할제 나날이 發展하는 現代的인 그 모습은 拙筆로는 다 못하고 대강대강 하니 우리 모두 公의 生覺하는 말이 같이 참여하였으면 多情하고 온화한 音聲으로 온갖 才談 다 하시며 춤도 추고 노래하며 喜喜談笑 같이할 것 幽冥이 相分되니 불러봐도 對答없고 울어봐도 소용없지. 生世時에 쌓인 懷抱 說話를 다하자면 一券紙 不足이나 短文拙筆 두서없이 대강 이만 아뢰오니 物博之數責을 말고 가이 흠향하옵소서.

嗚呼哀哉 痛哉尙饗

1983년 11월

族弟 斗亨 再拜

吊 辞

　예천군 보문면 남윤조 면장의 서거를 당하여 보문면 노인회장으로서 조사를 하였다.

　초가을 비가 오락가락하는 오늘 청천의 벽력인지 고남면장故南面長 님의 부음에 접하고 보니 면민面民의 한 사람으로서 실實로 애통하고 원통寃痛한 마음 금禁할 수 없습니다. 유령幽靈이시여, 20餘 성상을 공직公職에 몸담아 주민住民과 더불어 희로애락喜怒哀樂을 나누며 지역地域의 발전發展과 주민住民의 복지福祉를 위해 헌신봉사獻身奉仕하시던 일이 어제 같으며 더구나 노인복지사업老人福祉事業이며 면내面內 각 처의 노인회운영老人會運營 등 온갖 심려를 다하시다가 결과結果를 마무리하시지 못한 채 무슨 갈길이 그리도 바쁘신지 쓸모없는 이 같은 선배들과 앞길이 창창한 후진後進들을 뒤로하고 말없이 홀로 떠나시나이까?

　남면장南面長께서는 일찍이 공직公職에 투신投身하여 이 고장 구석구석을 다니시면서 일신一身의 안위安危를 돌보지 않고 오로지 지역주민地域住民과 호흡을 같이하면서 공복公僕의 길을 꾸준히 걸어왔으며 이곳 보문면普門面의 행정行政을 맡아 공직생활公職生活의 마지막 봉사奉仕의 기회로 알고 열熱과 성誠을 다해 행정行政 수완을 발휘하던 중 그 보람찬 결실이 맺기도 전에 우리들 곁을 홀연히 떠나가시니 운명運命의 작희라고 하기에는 너무나 가혹한 현실이라 할 수밖에 없습니다. 남면장南面長 님은 결국 우리 보문면의 발전發展과 주민住民들의 복지福祉를 위爲해 노심초사勞心焦思하시다가 과로過勞로 쓰러져 영영 다시 못 올 길을 가시고 말았습니다.

　오호嗚呼라 고인故人께서 정성精誠을 쏟은 들판은 누렇게 가을의 결실結實을 재촉하건만 그 결실結實의 기쁨을 함께 하지 못하고 멀고먼 황천黃天길을 어이 그리 쉽게도 가시나요,

참으로 애석하고 원통함을 금禁할 수 없나이다. 졸지에 가장을 잃은 소중所重한 유가족의 슬픔이야 어디에 비기겠습니까만, 저세상의 부름을 따라 떠나시는 그대를 붙잡을 수도 말릴 수도 없는 우리의 처지가 한없이 안타깝고 원통하여 땅을 치며 울어봐도 소용없고 웃어봐도 소용없는 허사로다. 사로라 남아있는 우리들은 힘을 모아 고인故人의 뜻을 받들어 헛되지 않게 이 고향발전과 지역사회地域社會를 위爲해 고인故人의 유지遺志를 계승하고자 하오니 구천九泉에서나마 기뻐하시고 우리를 이끌어 주소서. 생전生前에 있었던 모든 시름을 깨끗이 잊으시고 저 세상에서는 편안便安한 안식安息이 되시기를 두 손 모아 기원祈願하오며 고인故人의 명복冥福을 비옵니다.

부디 편히 잠드옵소서

一九八五年 九月 十八日

보문면 노인회장 김두형 재배

김두창 족형의 회혼례에 올린 축시

기러기 상에 올라 날갯짓하며 축하하고　　旭膺登床賀羽翩
회혼례를 맞아 시냇가에 잔치가 열렸다네　　再成卺禮宴湖天
신선인 적송자는 어디에서 노니셨는가　　　赤松仙子遊何處
백수의 이 노인도 이 연세에 이르셨는 걸　　白首斯翁到此年
오래오래 사시라는 말씀 무수하게 넘치고　　言錯遐壽汽海屋
숱한 축하 잔과 시들로 잔치를 마련했지　　亂巡牢韻設華筵
노래를 부르고 때때옷 입고 춤도 추는데　　歌吟共和斑衣舞
이 경사는 집안에 넘쳐 후세까지 이어지리.　慶溢門蘭曠後前

족제族弟 두형斗亨

※ 김두창(金斗昌:1864~1941)

일운 김병문 족숙의 회갑연에 올린 축시

드리운 달빛 안고 파랑새는 나는데　　月曉垂絲青鳥翩
삶의 소임일랑 진작 저 하늘에서 들었지　有生緣業早聽天
삼덕에다 맹약을 하지는 않았어도　　約盟不在二三德
인생고락 육십년을 깨끗하게 가졌지만　苦樂同調六十年
매죽 선조의 아름다운 그 얼 이어받았고　梅竹先休承故宅
길러주신 그 은혜 이 잔치에 더욱 느껴운 걸　蔘莪餘感倍慈筵
세상사에 이러한 일 쉬운 것도 아니라는데　人間此事非容易
더구나 자손들이 슬하에 가득한 기쁨까지랴.　且喜兒孫繞膝前

족질 김두형

※ 일운 김병문(金柄文:1875~1946): 영주 송암재단 이사장(김두혁)의 아버지

일운 김병문 문집에 실린 아버님의 한시

풍운한말風雲韓末[6]에 옹翁이 태어났는데
만점천산晩占天山[7]으로 이름을 원하지 않네.
구품침랑九品寢郞[8]은 공이 남긴 흔적이고
일량정우一樑亭宇[9]는 자식의 정성이로다.

風雲韓末始翁生
晩占天山不願名
九品寢郞公遺蹟
一樑亭宇子由誠

청산근호靑山近戶[10]는 춘색으로 새롭고
유수당헌流水當軒[11]은 고국故國의 소리 같고
어작금린魚躍錦鱗[12]에 꽃과 새가 즐기고
유방천석遺芳泉石[13]은 사시四時를 밝게 한다.

靑山近戶新春色
流水當軒故國聲
魚躍錦鱗花鳥樂
遺芳泉石四時明

---

6) 풍운한말(風雲韓末): 세상에 나와 큰 뜻을 품고 힘을 발휘하는 기획의 구한 말
7) 만점천산(晩占天山): 늙바탕에 천산을 차지하는 것
8) 구품침랑(九品寢郞): 임금이나 왕비의 무덤을 맡아서 관리하던 종구품 벼슬
9) 일량정우(一樑亭宇): 일량(一樑) 정자
10) 청산근호(靑山近戶): 푸른 산에 가까운 집
11) 유수당헌(流水當軒): 흐르는 물은 우레소리
12) 어작금린(魚躍錦鱗): 물고기 뛰니 비단 같은 비늘
13) 유방천석(遺芳泉石): 죽은 뒤에 남긴 빛나는 명예와 물과 돌이 어우러진 자연의 경치.

挽 章

아버지의 부음이 전해지자 사돈인 통가소제通家小弟 창원昌原인 황상기黃相基 사돈어른이 만장과 제문을 보내어 아버지를 영결했다.

거문고와 책으로 80년을 보냈으니 　　　琴書八十載
오래되었도다, 집안의 명성名聲이여. 　　　高矣乃家聲
성실함은 천성으로 터득한 것이고 　　　　愨實惟天得
온화함은 학문을 갈고 닦아 이루었네. 　　和認學成
궁벽한 세상에서 고도古道를 보존했고 　　窮存裛古道
누추한 거리에서 평생을 즐겼다네. 　　　陋巷樂平生
인간 세상에서는 한 번도 요행이 없어 　　人間一倖倖
아득한 수레를 몰아 선계仙界로 떠나가네.[14]　迢進駕仙

---

14) 수레를 몰아 선계(仙界)로 떠나가네. 이 구절(句節)은 평성(平聲) 경자(庚子) 운(韻)인데, 현재는 원문이 이에 맞지 않게 되어 있다. 참고로 맞추려면 뒤의 3자를 계선정(啓仙程)으로 고치면 된다.

祭 文

　　세차歲次는 정축丁丑 5월 무인戊寅 삭朔 일에 통가제通家第 창원昌原 황상기黃相基는 영상靈床의 아래에 몇 가지 과실과 어포魚脯, 술 한잔을 삼가 마련하였나이다.

　　"율은栗隱 화벌華閥은 공의 가문家門의 세장지世庄地로 어진 후예後裔가 있었으니 공이 바로 그 사람이었지요. 강건하고 자상함은 천품天禀의 자질이고, 시례時禮를 전수傳受하고 한묵翰墨:文筆을 익혀 벼슬을 하지는 않은 백수白首:白頭로 의관衣冠을 단정히 했지요. 좌석에 늘러앉은 사람은 누구누구인가, 주선周旋하며 호응呼應하네, 우좌순우右左純友[15] 수레를 몰아 선계仙界로 떠나가네. 이 구절句節은 평성平聲 경자庚子 운韻인데, 현재는 원문이 이에 맞지 않게 되어있다. 참고로 맞추려면 뒤의 3자를 계선정啓仙程으로 고치면 된다.

　　옛날 익히며 지금도 말하다가 농담도 섞어서 했지요. 운韻에 맞추어 시축詩軸을 짓고 술을 청하여 잔을 높이 들었지요. 여흥餘興을 즐기며 물가와 산꼭대기에서 한껏 노닐었지요. 봄날 산에는 꽃이 떨기로 피었고 금수錦水에 물고기의 비릿한 냄새가 풍기는데, 높이 올라가 멀리 바라보다 내려와 샘물에 씻기도 했지요. 날이 저물어 저녁 무렵에 돌아올 적에 저는 뒤따르고 공은 앞서가며, 화락和樂했던 일 즐거움은 여생을 마칠 것이라 여겼지요.

　　아! 저의 행실을 외람되게도 비루鄙陋하게 여기지 않으시어 공의 따님이 우리의 총부冢婦:맏며느리가 되었지요. 이런 인연을 맺고 오고가지 않은 해가 없었지요. 강운江雲과 위수渭樹[16]는 그때 만나고 이별하는 추억이며, 밤의 등잔이 밑동까지 타들기도 했고 기나긴 봄

---
15) 우좌순우(右左純友) : 이 구절은 뜻도 불분명하고 대구(對句)도 없기 때문에 해석하지 않았다.
16) 강운(江雲)과 위수(渭樹) : 한 사람은 위수(渭水)의 강가에 있고 한 사람은 강수(江水)의 강가에 있어 서로 멀리

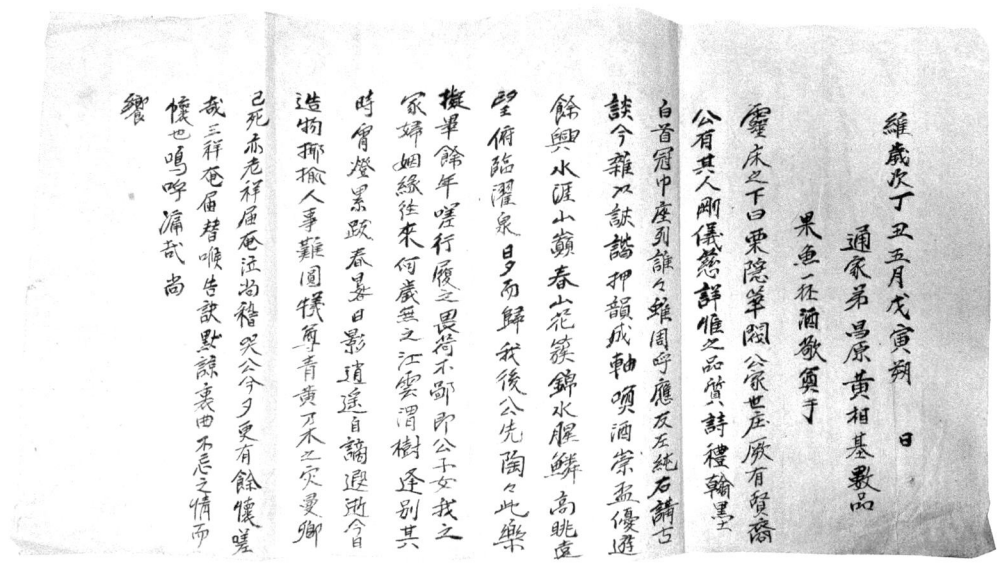

날에도 함께 했지요. 소요자적逍遙自適하는 사람의 일은 원만圓滿하기 어렵네. 희준犧尊을 푸르고 누르게 장식함은 바로 나무의 재앙災殃이었고,[17] 만경曼卿이 죽은 것도 상서祥瑞가 다한 것이네.[18] 문득 울먹이는 것도 오히려 늦었으나 공을 그리며 오늘 저녁에 통곡해도 다시 남은 회포가 있네.

아, 삼상三祥[19]이 문득 지나니 목이 막혀 영결을 고하네. 묵묵히 충정衷情을 헤아려보니 차마 잊지 못하는 정회(情懷)로다.

떨어져서 그리워하는 심정이 간절한 것을 말한 것으로, 두보(杜甫)의 〈강동에서 이백을 그리며 [江東亦憶李白]〉이라는 시에 "위수 북쪽의 봄날 나무요, 강수 동쪽의 저물녘 구름이라.[渭北春天樹 江東日暮雲]"는 구절에서 유래했다.

17) 희준(犧尊)을 푸르고…나무의 재앙(災殃)이었고 : 이는 당(唐)나라의 문장가로 당송팔대가(唐宋八大家)의 한 사람인 한유(韓愈)가 〈류종원(柳宗元)의 제문(祭文)에 쓴 구절을 그대로 옮긴 것이다. 여기서 희준(犧尊)은 비취색 깃털로 장식한 술잔을 말한다. 〈장자(莊子)〉 천지(天地)에 "100년이 된 나무를 베어 희준(犧尊)을 만든 다음 푸르고 누른색으로 장식하였으나, 잘려 나간 것은 도랑 가운데 버려져 있다. 도랑 가운데 버려진 가지와 희준을 비교하면 비록 보기 좋고 추한 차이는 있지만, 본성을 잃었다는 면에서는 마찬가지다"라는 고사에서 유래한 말이다.

18) 만경(曼卿)이 죽은…상서(祥瑞)가 다한 것이네 : 위의 주와 마찬가지로 당송팔대가의 한 사람인 구양수(歐陽修)의 〈석비연시집서(釋祕演時集序)〉에 "만경(曼卿)은 이미 죽었고 비연(祕演)도 늙어 병들었다"는 구절이 있다. 여기서 만경의 성은 석(石)이요, 자는 연년(延年)이다. 그는 술에 젖어 불우하게 일생을 살았고, 비연은 승려로 시에 뛰어나 서로 절친하게 지냈는데, 구양수가 만경의 묘표(墓表)를 지었다.

19) 삼상(三祥) : 이는 삼상(三喪)의 오자(誤字)인 듯함. 삼상(三喪)은 즉 초상(初喪), 소상(小喪), 대상(大喪)을 말한다.

祭 文

　　맏사위 반남인 박원수는 장인의 소상제에 다음과 같은 제문을 보내어 명복을 빌었다.

　오늘 빙장 어른께서 별세하신 지 1주기를 맞이하여 영주의 불초 맏사위 원수가 한잔 술 올리옵고 영전에 엎드려 절하면서 빙장 어른 생전의 모습을 되새기며 몇줄의 추도사를 지어 바치오니 기쁘게 흠향하시옵고 이 못난 사위자식을 어여삐 여겨 굽어살펴 주소서!

　일찍이 빙장 어른께서는 어려운 시대에 한 집안의 가장으로서 생활을 책임지시고 향리에서 공직에 몸담아 면사무소에 재직하시면서 지역사회 발전과 주민 복리 증진에 헌신하시다가 정년퇴임하신 후 고향 문중 집안의 대소사를 내 일처럼 보살피시고 노인회, 유도회 등 노년층의 사회활동 참여에 앞장서 오시므로 모든 주위 사람들에게 칭송과 모범을 보여주셨습니다.

　평소 강직한 성품은 친구 동료 간의 우의와 신의를 두텁게 하고 아랫사람들에게는 존경과 흠모를 받으셨으며, 모든 일 처리에 완벽을 기하시는 모습을 보여주는 한편으로, 가정에서는 엄한 가장으로서 가족들을 바르게 인도하시면서도 내면으로는 따뜻한 부정을 보여 슬하의 3남 2녀를 사랑으로 훈육해 오신 일면은 어느 가정의 아버지들 못지않게 자상스런 분이셨습니다.

　처남들을 모두 대학까지 마치게 하면서 그 뒷바라지에 온갖 정성을 다 하시면서도, 특히 피난길 무거운 짐 보따리 위에 어린 자식을 얹어서 짊어지고 가셨던 일과 딸자식들이 읍내 학교에서 늦게 귀가할 시 바쁜 틈을 내어 자전거를 타고 마중을 나오시던 일이 일과가 되다시피 자녀들에게 쏟은 자정은 유별난 것이었습니다.

　공직에 계실 때도 그랬지만 공무에 바쁜 와중에서도 틈틈이 농사를 돌보시며 몸소 지게를 벗 삼아 들판에 사셨으며, 다른 사람의 길흉대사에는 원근을 불문하고 빠짐없이 참석하여 이웃 간에 슬픔과 기쁨을 함께 나누셨습니다.

만년에 육신이 연로하여 농사일도 힘드시고 거동이 불편하신데도 서울 처남댁과 영주, 봉화 석포에 있는 딸네 집을 운동 삼아 자주 내왕하시는 것을 낙으로 삼으셨는데, 장모님의 환후를 걱정하시면서 극도로 신경을 쓰신 탓으로 한때는 몸이 몹시 수척하셨으며, 항상 약봉지를 휴대하고 다니시면서 몇 가지의 약을 상시로 복용하셨으나 기력이 쇠잔하여 숨소리가 옆에서도 들릴 정도로 고통스러워 하셨으며, 음성에 기운이 없고 겨우 알아들을 정도로 말씀하시면서 늘 방안에 누워 계시는 시간이 많았었습니다. 그전 같으면 보고 들은 재미있는 말씀도 많이 하셨는데 모든 것이 귀찮으신 듯 입을 닫고 마셨습니다.

마지막으로 영주 저희 집에 들르셨을 때 상당히 용태가 좋지 않으신 것을 보고 걱정을 많이 했었는데 장모님의 부음을 접한 후로는 그 충격으로 더욱 상태가 좋지 않아 며칠 고생하시다가 열흘 뒤 장모님의 뒤를 따라 기어이 눈을 감고 마셨습니다. 지금 생각하니 그때 서울 큰 처남댁에 그냥 계셨더라면 병원에라도 급히 모시고 응급처방이라도 해봤을 것인데 하는 자책감이 들면서 영주 딸네 집에 오셔서 돌아가시게 되니 저희들 정성이 부족했던 것이 아닌가 하여 죄송스러운 마음 지금도 떨칠 수가 없사옵니다.

불편하신 몸으로 장모님 장례일 날 장지에 꼭 나가보시겠다고 다짐하셨으나 결국 못 나가시게 되자 몹시 서운해 하셨습니다. 평생을 공직과 집안과 자녀들을 위해 어렵게 살아오시면서 만년에는 장모님과 당신의 신환으로 자식들의 효도도 마다하신 채 이승을 떠나신 빙장 어른의 명복을 삼가 비나이다.

이제 장모님과 양지바른 고향땅 유택에 나란히 누우셔서 그동안 생전에 미처 못한 말씀일랑 두 분이 싫도록 나누시고, 가슴에 맺힌 것이 있으시면 서로가 속 시원히 풀어주시고 웃는 얼굴로 눈 감으소서! 이승에서 못다한 미진한 사연들은 그곳에서 두 분이 함께 꽃피우시고 부디 모든 시름 깨끗이 잊으시고 편히 잠드소서! 조용히 안식하소서!

오호통재 상향
1996년 (음) 5월 17일
영주 맏사위 원수 드림

祭 文

　맏사위 반남인 박원수는 장모의 소상제에 다음과 같은 제문을 보내어 고인의 명복을 빌었다.

　오늘 만물이 줄기찬 성장을 멈추지 않고 힘차게 약동하는 한여름날, 장모님께서 이 풍진 세상을 떠나신 지 1주기를 맞이하여 영주의 불초 맏사위 박서방 원수가 한잔 술 올리옵고 엎드려 절하면서 장모님 생전의 인자한 모습과 숨은 공덕을 기리면서 몇 줄의 추도사를 지어 바치오니 혼령이 계시거든 굽어살피사 간절한 사위의 애틋한 심정을 받아주소서!
　장모님께서는 일찍이 전주이씨 가문에서 부덕을 닦으시고 김해김문으로 출가하신 후 평소의 온화한 성품과 자애로운 어머니 상으로 이웃의 모범과 모든 이들에게 선망의 대상이셨습니다.
　어려운 농촌살림을 맡아 내핍으로 가계를 이끌면서 한편으로는 지방 공직자의 아내로서 생전의 장인어른을 정성껏 내조하시고, 3남2녀의 자식들을 낳아 기르시면서 사랑으로 훈육하여 무사히 학업을 마칠 수 있게 하고, 모두가 성혼하여 행복한 가정을 꾸린 가운데 처남들을 각자의 직장에서 훌륭한 사회인으로 일할 수 있도록 한 집안의 어머니로서 온갖 노력을 다하셨습니다. 사시사철 바쁘게 움직이는 농사일과 자식들 뒷바라지로 한시도 마음 놓고 쉬지도 못하시면서 집안을 위해 밤낮으로 노심초사하시던 장모님의 생전의 모습이 눈에 선하게 비쳐집니다.
　여성의 몸이지만 일찍이 선대로부터 배운 학문과 뛰어난 필력은 이웃 친지들의 사돈지를 대필해 줄 수 있도록 소문이 자자하였으며, 손이 닳도록 잠시도 일손을 놓지 않으시면서도 항상 손에는 일거리가 아니면 옛날 서책이 들려 있었으니, 만년에는 연로하여 시력 약화로 안경을 쓰기까지 하시면서 오로지 가사일과 배움밖에 모르셨던 그 지성이 어찌

祭　文

오늘 만물이 즐기찬 성장을 멈추지 않고 힘차게 약동하는 한 여름날, 장모님께서 이 풍진 세상을 떠나신지 1주기를 맞이하여 영주의 불초 맏사위 박서방 원수가 한잔 술을 올리옵고 엎드려 절하면서 장모님 생전의 인자한 모습과 숨은 공덕을 기리면서 몇줄의 추도사를 지어 바치오니 혼령이 계시거든 굽어살피사 간절한 사위의 애틋한 심정을 받아주소서!

장모님께서는 일찌기 전주 이씨 가문에서 부덕을 닦으시고 김해 김문으로 출가하신 후 평소의 온화한 성품과 자애로운 어머니 상으로 이웃의 모범과 모든이들에게 선망의 대상이셨습니다.

어려운 농촌살림을 맡아 내핍으로 가계를 이끌면서 한편으로는 지방공직자의 아내로서 생전의 장인어른을 정성껏 내조하시고 3남2녀의 자식들을 낳아 기르시면서 사랑으로 훈육하여 무사히 학업을 마칠 수 있게 하고 모두가 성혼하여 행복한 가정을 꾸린 가운데 처남들은 각자의 직장에서 훌륭한 사회인으로 일할 수 있도록 한 집안의 어머니로서 온갖 노력을 다하셨습니다.

하루아침에 이루어질 수 있는 일이었겠습니까!

　장모님께서는 한 집안의 내조자로서 맡은 바 소임을 다하시고 이웃에게도 본보기가 되는 삶을 사셨습니다. 그 삶 속에는 기뻤던 일보다는 고통스런 일이 더 많았으며 오직 끈질긴 인종의 세월만이 이를 알고 있을 것입니다.

　제가 장가를 들어 처가를 저희 집보다 쉽게 생각하고 자주 왕래하던 것이 어제와 같사온데 그때마다 반갑게 맞아 주시던 장모님의 미소 띤 얼굴이 지금도 눈앞에 스쳐 갑니다.

　"사위 사랑은 장모라" 하셨는지요.

　맏사위로서 할 도리도 다 못한 저에게 항상 어렵게 대하시면서, 처가를 방문할 때면 굳이 하룻밤이라도 자고 가라시며 밥상 차림에 신경을 쓰시던 장모님!

　농사지은 곡식과 채소, 부식 등을 번번이 챙기시며 귀찮을 정도로 싸서 가져가라고 손에 들려주시며 집 밖까지 배웅해 주시던 인정 많으신 장모님!

한 번이라도 그 은혜에 감사하고 보답도 해 드리지 못한 채, 장모님 환후 중에는 봉화 석포 동서네 집에 요양차 들렀을 때 뵈온 것이 저로서는 마지막 대면이 되고 말았습니다.

늦으막에 자식들 효도 받으시며 여생을 편안히 보내셔야 할 노후에 이 무슨 신의 작희인지 운명의 장난인지 하늘도 무심하게 장모님의 심신을 병들게 할 줄이야, 어느 누가 짐작이나 했겠습니까!

손때 묻은 살림 도구와 땀방울이 얼룩진 정든 농촌집을 떠나 서울 큰처남댁에 기거하시면서 집과 병원을 오가며 처남들과 처남댁들의 지극한 병구완에 매달린 수년간의 정성과 힘든 고초에도 끝내 일어나시지 못한 채 기어이 이승과 작별하신 지 1년이 지났습니다.

그간 장모님 자신의 고통이야 어떻게 이루 말로 다 할 수 있었겠으며, 가족들에게도 하고 싶은 말 또한 어찌 참으시고 눈을 감으셨는지 이제야 새삼 짐작이 되고도 남습니다. 생전에 힘들었던 말 못할 사연이사 이제 양지바른 고향 땅 유택에 나란히 누우신 장인어른께 마음껏 털어놓으시고 그간 쌓였던 하고 싶은 이야기도 마음껏 나누소서! 못난 맏사위 이렇게 엎드려 한잔 술을 드리면서 장모님의 명복을 비오니 기쁘게 흠향하시옵고 부디 모든 시름 깨끗이 잊으시고 편히 잠드소서!

오호통재 상향
1996년 (음) 5월 27일
영주 맏사위 원수 드림

祭 文

　　막내 이모께서도 어머니의 소상제에 다음과 같은 애절한 제문을 보내어 언니와의 이승을 영결했다.

　　유세차 병자 오월 십칠일은 우리 형님 중상 제일祭日이라. 슬프고 통곡통곡. 형주 형주여! 아! 이 이 실은 생전에 못다 한 말 형아의 영전 앞에 엎드려 통곡하며 두서없는 글귀로 우리 형제 쌓인 심정 십분의 일이나마 풀어볼까 아뢰오. 다정하신 마음으로 생시나 다름없이 굽어살펴 주옵소서. 오호. 나의 형아! 무슨 말을 먼저하고 뭐라고 하오리까. 오호애재, 통곡통곡, 남녀노소를 막론하고 한 번 아차 사라지면 다시 못 올 저승길을 어이 그리 무심하게 한 마디 말도 없이 무슨 길이 그리 바빠 훌훌이 가시는고. 오호애재, 나의 형아! 가지가지. 타는 간장 굽이굽이 넘기면서 애지중지 자식 정과 다정부부. 정을 일조에 저버리고 멀고 먼 저승길을 촌이 전 가기 싫어 어이어이 가시는고. 에고에고, 나의 형아! 애달픈 우리 인생 빈손으로 태어나서 빈손으로 가는 세상 길고도 짧은 인생 허무하기 그지없소. 우리 형님 내외분이 팔십향수 넘기시고 만수무강하시기를 주야로 바랐건만 행운이 불길턴가. 실낱같은 형아 몸에 태산 같은 병이 들어, 슬프고 애들애들. 몇몇 해를 병석에서 세상사를 모르시니 자애로운 형아 성품 차차 볼길 막막해요 애고애고. 슬프고 통곡통곡. 시우 내외 고생하며 지극 정성 잘 모시며 천만가지 약을 쓴들 백약이 무효이니 아무리 효도한들 형아가 가시는 길 어느 누가 막으리요. 오호오호. 서러워요. 간다간다 하였으나 설마설마 믿었더니 팔십향수 못하시고 칠십구세 향년인가. 저승길이 멀다 해도 대문밖이 저승이요, 일가친척 있다 한들 대신 갈 이 전혀 없고, 동기 종반 많다 해도 앞장 설 이 뉘 있는고. 애재애재. 통곡통곡. 슬픈 앞 형아형아! 나의 일신 젊은 청춘 수많은 세월

속에 우가풍가 겪으면서 고생고생 살았건만 형제없는 빈자리가 이다지도 허전하고 망막한 슬픈 심정 어디 가서 풀겠는고. 통곡통곡. 나의 형아! 불러봐도 대답 없고 통곡해도 말 없으니 허무하기 그지없소. 우리 형제 그린 정은 태산같이 쌓이건만 슬프도다. 우리 인생 유명이 다르시니 어이 다 말하리오. 아무쪼록 나의 형아 염라대왕 명령으로 극락세계 가셨지요. 아 슬퍼슬퍼요. 형아형아! 우리 새 아제께서도 형님의 뒤를 이어 빼앗길세라. 놓칠세라. 급히급히 훌훌이 가시오니 더욱더욱 통곡통곡. 두 분이 다시 재회하시고 악수 상봉 마주 잡고 좋은 선당 가시어서 천세만세 누리소서. 오호오호. 나의 형아, 혼자 남은 동생 마음 아시는가 모르는가. 듣는가 보시는가. 아무리 유명이 다르신들 마음이야 변하리오. 그리운 마음으로 한잔 술 올리오니 생시나 다름없이 흠향하여 주시옵고 고이고이 잠드소서. 상향

1996년 6월 동생 이실이

圭集金公 追悼辭

대창학교를 동문 수학한 김종수 씨는 장례 때 만사와 추도사를 보내어 아버지와의 추억을 회상했다.

公의 諱는 斗亨이요, 字는 圭集이니 栗隱先祖의 十九世孫이며 遠祖는 首露王의 後裔이시고 公我祖母親堂은 義城毛昌一鄕之令女也 我公은 同根同枝同鄕里에 生長하여 8,9歲 幼年時節 書堂에 集合되어 門父長敎訓으로 日天口地하올 적에 問一知十하고 聰明智藝卓越하며 勤儉節約處世接人能爛하니 皆已將來 有望之才童이라 稱頌이 자자했지. 그러나 身體發育 점점 成長함에 따라 옛적에는 早婚의 禮法으로 十五六歲에 結婚生活하면서 我公이 相議하기를 舊學文은 所用이 없고 新學文 學校 卒業을 하여야 社會에 登用이 된다 하니 我公 共히 갓망간을 쓰고 大昌學院에 入學하여 其翌日 상투를 削髮하고 登院하니 鄭鍾德 權寧運 其外 여러 先生任께서 이제 양반이 되었구나 하시던 말씀 記憶이 生生하지 歲月이 如流하여 於焉 四年間 所定의 課程을 마치고 빛나는 卒業狀을 들고 校門을 나설 때에 先生을 잡고 限없이 無言落淚하였지 其後社會人으로 公은 奉化로 族孫은 日本 東西楚越之人이 되어 各己 生業에 途歲月하고 十個年星霜 後 三十二三歲에 還鄕하여 再回의 榮光으로 普門面事務所에 勤務하다가 六·二五動亂과 同時 退任하면서 家事 일을 돌보고 門事論議하였지 嗚呼我公은 氣味相合하야 生涯에 同苦同樂하였으니 錦上에 添花이라. 또 年年歲歲 先祖 會奠時連座席上에 公의 美笑才談이며 門事論之하셨지 唯公之仙化悲報는 天地如崩하고 日月이 無光이라. 然而나 膝下 三男二女 他의 模範이 되어 健壯하니 斯亦公의 蔭德으로 生覺되니 家和萬成이요, 子孫이 昌盛하니 來頭昌熾之望은 從玆可驗矣 浮雲같은 歲月이요, 草露같은 人生임이

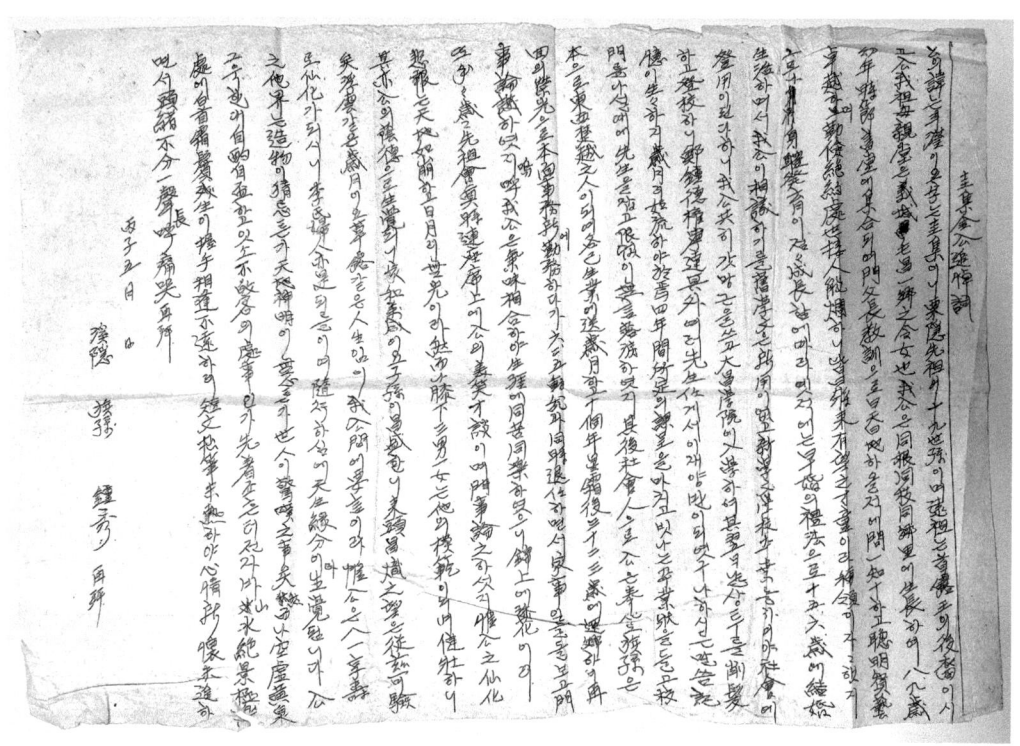

我公間에 要言이라. 惟公은 81享壽로 李氏婦人을 열흘 앞에 보내고 열흘 후에 公 亦是 뒤를 이어 仙化하심에 天生緣分이라 生覺됩니다. 公之他界는 造物이 猜忌든가 天地神明 이 無心든가 世人 驚嘆之事矣 然而나 空虛黃泉 그윽한데 自釀自盃하고 있소. 不歸客 의 處事인가 先着 좋은 터전잡아 山水絶景極樂處에 白首霜 殘生이 握手相逢不遠하리. 短交拙筆未熟하여 心情所懷未熟하면서 頭緖不分一聲長呼痛哭再拜.

丙子 五月

溪隱 族孫 鍾秀 再拜

III.
그의 흔적,
우리의 이야기

어버이의 자식사랑

- 장남 시우

예로부터 사랑의 매란 말이 있다. 흔히 교직을 교편敎鞭이라 한다.

교편은 가르칠 교敎에 회초리 편鞭자를 쓴다. 교사가 아이들을 훈육하는 방편으로 매를 사용하기도 하는데 이때의 매질을 '사랑의 매'라고 한다. 사랑의 매는 교사들의 큰 자부심이기도 했지만, 이제 학교에서 사랑의 매는 사라진 지 오래다. 나는 학교에서 사라진 지 오래인 사랑의 매를 아버지의 매를 통하여 크게 느낀 바 있다.

중학교 2학년 때의 일이다. 당시 나는 동리 또래들과 매일 밤 화투놀이에 빠져든 때가 있었다. 집안에서 아무도 몰랐지만 결국 그 결과는 학교성적으로 나타났다. 그때 성적표는 중간고사 성적과 기말고사 성적 두 번씩 학부모님께 통보되었다. 상위권에 있던 성적이 갑자기 중하위권으로 떨어진 것이다. 아버지께서 한참 동안 아무 말씀도 없이 나를 바라보시다가 도장을 찍어 주셨다.

며칠 후 아버지께서는 8km나 되는 학교까지 가셔서 담임선생님과 성적 등 학교생활 전반에 대해 상담을 하셨으나 담임선생님으로부터 성적이 떨어진 이외에는 학교생활에 아무런 이상이 없다는 답을 들었을 뿐이다. 그러나 아버지의 의문은 풀리지 않았다. 나의 동정을 세심하게 살피신 아버지께 나는 화투놀이 현장을 잡히고 말았다.

그때는 이미 밤 11시경이었다. 나는 그날 밤 내 스스로 나뭇가리에서 뽑은 회초리를 들고 들어가 아버지 앞에 종아리를 걷어 올리고 큰 소리로 매수를 세어 가면 연거푸 5대의 매질을 당했다. 난생 처음이고 마지막이었다. 그날 밤 나는 아버지 옆에서 숨을 죽이며 잠을 청했으나 쉽게 잠이 들지 않았다. 그때 아버지께서 내가 잠이 든 줄 아시고 내 종아리를 한참 더듬다가 크게 한숨 쉬며 돌아누우셨다.

비록 어린 나였지만 아버님께 큰 상처를 드린 듯하여 몹시 후회스러웠다.

그날 이후 내 손에서 화투장은 사라졌다. 시골 장삿집에 문상가면 화투로 밤샘을 하지만 그때도 나는 하지 않았다. 그 후 나는 친구들 사이에 화투놀이를 못하는 사람으로 못이 박혔다.

나에 대한 아버지의 사랑은 별난 데가 있었다. 나는 초등학교 때부터 아버지를 따라 논밭일을 하는 때가 종종 있었다. 그때마다 김매는 법, 씨앗 뿌리는 법 등 농사꾼이 하는 농사법을 가르쳐 주셨다. 아버지의 영농은 멀칭재배 등 선진 농사법이었다.

늘 나에게 농사일을 가르치면서 "너는 장남이 도둑질 빼고는 다 배워야 한다. 농사는 특히 꼭 배워야 한다"고 강조하여 말씀하셨다. 젊을 때는 객지에서 다른 직업에 종사하더라도 대대로 내려오는 농토와 선영을 지키며 장남 구실을 해야 한다는 뜻이 내포된 가정교육이었다.

아버지의 이와 같은 훈도는 내 일생에 크게 도움이 되었으며 농사는 내 생활의 일부분으로 자리 잡게 되었다. 농토가 없는 서울 생활에서도 나는 베란다는 물론 내가 사는 아파트 주변 어디서나 빈 공터는 나의 텃밭이었다. 내가 국가보안법 위반이라는 엉터리 죄명으로 형기를 마친 후에 나는 한동안 올데갈데없는 외톨이였다. 취업은 물론 나에게 허락되는 일자리는 없었다. 그래도 내가 좌절하지 않았던 것은 고향에 농토가 있고 농사만은 누구의 도움 없이도 나 혼자의 힘으로 할 수 있다는 자신감이 있었기 때문이다. 이는 나에게 큰 재산이고 희망이었다.

아버지께서는 마치 이러한 앞날을 내다보시기라도 한 듯이 어릴 때부터 나에게 농사법을 가르치신 것이다. 어릴 때 배운 농사법, 농사에 따르는 근면, 검소는 내 일생에 가장 큰 무기로 자리 잡게 되었다. 아버지의 사랑은 매우 근엄하면서도 그 넓고 깊은 속마음은 당시 어린 나로서 헤아릴 수 없었지만 내 일생의 정신적 버팀목으로 자리 잡게 되었다.

어머니의 나에 대한 사랑은 아버지와는 무척 대조적인 자애慈愛 바로 그것이었다.

아버지와 어머니의 자식 사랑은 전형적인 엄부자모嚴父慈母였다. 내간체의 달인인 어머니께서는 글을 쓰실 때 이른바 초草를 잡는 법이 없었다. 충분히 구상한 후에 필을 잡아야 한다고 하셨으며 당신 자신이 몸소 실천으로써 나를 훈도시켰다.

아버지께서 붓글씨를 쓸 때 결코 개칠로 글씨를 다듬지 못하게 하셨다. 개칠하는 글씨는 그 자리에서 찢어버리시면서 나에게 개칠로 글씨를 다듬는 것은 남을 속이는 것이라고 엄하게 타이르셨다. 어머니는 아버지께서 먼 길 출장 가셨다가 돌아오실 시간에는 특별한 일이 없으면 아버지의 귀가 시간에 맞추어 나를 집안에서 대기하게 하거나 동리 입구까지 마중을 나가게 하였다.

한 번은 아버지께서 예천 장날 우산 없이 장보러 가셨는데 갑자기 비가 쏟아졌다. 나는 어머니의 부탁으로 우산을 들고 아버지 마중을 나갔는데 가다 보니 거의 예천읍까지 가게 되었다. 그때 이미 비는 그쳤고 나는 우산을 들고 예천읍에서 보문으로 나오는 길 입구에서 아버지를 기다리고 있었다. 아버지는 친구분과 함께 나오시다가 보문으로 나오는 입구에서 우산을 들고 기다리는 나를 발견하시고 오랜만에 부자 상봉이라도 한 듯이 기뻐하셨다. 이 모습을 본 아버지 친구분의 입을 통하여 나는 천하의 효자가 되었다. 어머니의 교육은 매우 조용하고 인자하였다.

내가 시골 마을 청년들과 어울려 아무리 늦은 밤에 귀가해도 먼저 주무시는 법이 없었다. 여름에는 집안에 모깃불을 피워 놓고 책을 보시면서 아들을 기다렸고, 겨울에는 방에서 무언가 바느질을 하시면서 나를 기다렸다.

내가 객지 생활을 할 때 예고 없이 밤중에 집에 들이닥쳐도 내 밥그릇은 안방 아랫목 이불속에 넣어두었다가 밥상을 차렸다. 객지에 나간 아들이 밥 굶지 않는 방편으로 내 밥그릇은 항상 준비되어 있었다.

내가 영어의 몸이 되어 감옥살이할 때 감옥은 온돌방이 아닌 찬마루 바닥이란 것을 아시고 5년간 이불을 덮지 않고 냉방에 주무셨다는 말을 동생들의 입을 통해서 알게 되었다. 나는 나의 옥살이 후유증으로 천수를 누리지 못하신 부모님들을 생각하면 늘 내 가슴에 깊은 응어리로 남아있다.

나의 무죄판결은 부모님이 돌아가신 지 한참 후의 일이었으니 그것이 늘 천추의 한으로 남는다.

나의 시아버님과 시어머님

- 맏며느리 신종갑

우리 부부의 결혼은 누구도 상상할 수 없는 만남이었다.

나는 당시 과일가게를 운영하고 있었다. 그이의 아버지가 나의 가게에 손님을 가장하고 나를 유심히 살펴보신 후 마음속으로 결정하고 우리 아버지와 겉으로는 아이들 뜻에 따른다는 데 합의했다고 하고 사실 속으로는 두 분이 사돈이 되기를 정하고 있었던 거 같다.

1970년 2월 어느 날로 기억된다. 갑자기 그이의 부자가 선보러 온다는 기별이 왔다면서 선볼 준비를 하라는 것이었다. 장소도 커피숍이 아니고 우리 가게 점포방에서 보고 간다는 것이었다. 명색이 인간 중대사인 선을 본다면서 사전 약속도 없이 화장할 시간도 주지 않고 가게로 오다니 어떻게든 형식만 갖추려는 두 분의 속셈이야 그렇다 해도 당사자인 젊은 사람도 참으로 이해할 수 없었다. 우리 아버지는 내가 당시 병약한 어머니 간호를 위해 결혼을 완강히 반대하고 있었으니 사전 약속을 했다가 내가 사고라도 칠까 봐 두려웠을 것이다.

나중에 안 일이지만 서울 건국중학교 역사교사로 취직이 확정된 그이는 호적등본 등 본적지에서만 발급받을 수 있는 서류를 갖추기 위해 고향에 내려왔는데 그이의 아버지께서

"서류준비는 내가 면사무소 호적계에 부탁해 놓았으니 너는 나와 함께 점촌을 다녀와야겠다."

"점촌은 왜요?"

"거기 좋은 신부감이 있다. 니가 일부러 또 내려오기도 어려우니 내일 나와 같이 가자."

"안 됩니다. 그 일은 저에게도 결정할 시간을 주셔야 합니다."

"결정은 본 후에 정해도 된다. 보고 난 후에 정 싫으면 안 해도 된다."

막무가내로 명령조로 누르니 할 수 없이 형식적으로 따라온 모양이었다.

가게방에서 서로 수인사를 한 후 그이와 둘만 남겨놓고 모두 자리를 비워주었지만 대화할 분위기는 아니었다. 그때 나는 선보지 않겠다고 눈이 빨갛게 충혈되도록 울면서 저항하는데 그이와 시어른이 들이닥친 것이다. 양가 부모가 다 참석하지도 않았다. 시어머니 될 분이 오시지 않았으니 우리 어머니도 먼발치로 볼 수밖에 없었다.

2주일 후에 양가 두 바깥어른과 예천 출신의 친한 친구들 몇분이 모여 약혼식을 했다고 한다. 자리에 참석한 친구 한 분이 "이게 뭐 약혼식이냐? 당사자는 없고, 껍데기들만 모인 별난 약혼식을 다 보네"라고 했다고 한다. 그 말에 모두 한바탕 크게 웃음을 터뜨렸다고 한다.

그날 약혼서약인 허사를 교환하고 길일이라면서 5월 16일을 결혼식 날짜로 정하고 그이와 나에게는 일방적인 통보로 모든 일이 끝나고 말았다.

그이의 아버지는 그이에게 "직장에 들어간 지도 얼마 안 되는데 약혼식 휴가, 결혼식 휴가 그렇게 하기가 미안하기도 하고 해서 양가 사돈끼리 모여서 약혼식을 간단히 했다. 그러니 그날 결혼식에 차질이 없도록 서울에서 식장도 정하고 신혼방도 구하라"면서 전세방 얻으라고 돈까지 송금해 왔다는 것이다. 그러니 식장과 신혼방을 같이 상의하고 싶으니 서울로 올라왔으면 하는 편지를 보내왔다. 그 편지는 내가 아닌 우리 아버지에게 정중한 인사편지와 함께 나의 상경을 간청하는 편지였다.

그러나 우리 아버지는 즉석에서 거절하시며 식을 올리기 전에 단둘이 객지에서 만나게 할 수는 없다는 것이었다. 나도 마음이 내키지 않았지만, 많이 망설이다 어머니께 부탁하였다. 결국 어머니의 간청에 의해 겨우 허락을 받았지만, 조건이 있었다. 그 조건은 서울에 계신 작은어머니 집에 머물며, 어머니와 작은 엄마도 함께 동행하는 조건이었다. 그렇게 해서 겨우 허락을 받았다.

그때 두 번째로 만남이었지만 얼굴을 제대로 본 건 처음이었다. 작은어머니의 첫마디가 "얼굴에 점이 있다더니 생각보다 크다"라는 말씀이었다. 그러나 이미 모든 일은 끝난 상태였으니 다른 말씀이 있을 수 없었다. 그날 첫 데이트였는데도 점심은 동대문 어딘가에서 냉면 한 그릇이었다. 그날 나는 직감적으로 그이에게서 구두쇠라는 느낌이 들었다. 그 느낌은 두고두고 빗나가지 않았다.

솔직히 말하면 그때 우리집은 그 지역에서는 상류 집안, 속된 말로 금수저였다.

아버지는 점촌에서 유수한 초등학교 교장이었고 집은 점촌에서 가장 멋있는 프랑스식 주택, 넓은 대지에 정원과 연못도 있었다. 점촌 시내에 넓은 옥답이 있어서 알부자란 소리를 들었다. 그래서인지 중매가 많이 들어왔는데, 당시 시골 기준으로 큰 부잣집 아들이나 사업가들이었다. 그러나 우리 아버지와 어머니는 그런 부잣집들을 다 거절하고 미울 큰 문중 양반집이고

시어른들의 인품과 인심 좋기로 소문난 집이라며 굳이 그 가난한 집을 택했다. 시어른은 지방 행정공무원으로 정년을 몇 달 앞둔 분이고 시어머니 될 분은 영남에서 알려진 큰 선비 이순행李淳行의 딸로 내간체 서신의 달인이라는 것이다. 그보다 시어른 될 분은 신임이 두텁고 굳은 심지가 갖추어진 분이고, 안어른은 인자하고 인품이 매우 훌륭하며 인심이 좋기로 유명하다는 것이 그 집을 택한 이유였다.

부모의 인품이 그러하니 자식은 볼 것도 없다는 것이다. 서울에서 결혼식을 치루고 신혼여행 후 바로 시가로 가서 시조모에게 폐백을 드려야 했다. 시가에 들어가니 조그마한 오두막집에 방은 2칸뿐이었다. 소마굿간 아래채에 조그마한 방이 우리들의 신혼방이었다. 농사지을 때 일꾼이 쓰는 방을 신혼방으로 꾸민 것이다. 허리가 몹시 꼬부라진 인정 많은 노인이 나의 시조모였다.

나는 친정으로 근친가서 목놓아 울면서 아버지, 어머니를 원망했다. 어머니께서

"그 집을 선택한 이유는 너를 위해서였다. 여러 가지로 알아본 결과, 너희 부부가 그 집을 잘 일으킬 수 있고, 늦복, 자식복도 좋다고 했다. 재산보다는 사람이 중요하다. 김서방 잘 섬기며 집안을 잘 일으키고 존경받는 여인상이 되어라. 그렇게 하면 좋은 노후가 보장된다. 내가 그런 희망을 보고 너를 보냈으니 믿고 따르라"면서 나를 간곡히 설득하고 달랬다.

과연 시부모님의 인품과 인심은 우리 어머니와 아버지가 말씀하신 이상이었다.

내가 시부모와 함께 산 시간이 25년간이었다. 시아버지와 시어머니는 나를 늘 대할 때마다 한결같이 미소를 잃지 않았다. 시어머니는 나의 실수와 잘못을 보시면 야단 대신 위트와 유모어로 넘겼다. 시아버지께서는 자손이 귀한 집이라 손자를 그렇게 원하시면서도 내색을 하시지 않으셨다. 연거푸 딸 넷을 낳았을 때도 그 손녀들을 그렇게 사랑하시니 내

딸들은 할아버지, 할머니를 부모 이상으로 따랐다.

주변 노인들이 아이들이 노인을 따르지 않는데 이 집 아이들은 할아버지를 그렇게 좋아하는 모습을 보고 매우 부러워하였다. 지금은 내 친손, 외손들이 할아버지인 그이를 무척 좋아하고 따르는 것을 보면 아버님 생각이 더욱 간절해진다. 그리고 우리 내외는 스스로 복 받은 노후라고 자부하고 있다.

남편이 국가보안법 위반으로 5년형을 받았을 때, 나는 두 아이를 시골에 계신 시부모께 맡기고, 막내딸 혜진이만 데리고 서울에 남아 집을 지키기로 결심했다. 남편이 출소할 때까지 서울 집을 지키는 것이 나의 임무라고 생각했기 때문이다.

그 당시 겨울은 매우 추웠고, 나는 행상 일을 하며 생계를 이어갔다. 하루하루 힘든 삶이었지만, 남편의 출소를 믿고 견뎌내야 했다. 그러나 그 추위 속에서 발에 동상이 걸렸고, 그로 인해 지금까지도 고생을 하고 있다. 그럼에도 불구하고, 남편에 대한 믿음과 시부모님의 따뜻한 사랑이 나를 버티게 했다. 그 시간이 고통스러웠지만, 결국 그 믿음과 사랑이 내가 그 어려운 시기를 극복할 수 있는 힘이 되어 주었다.

남편의 출소 후, 우리는 어려운 형편 속에서도 시어른께 손자를 안겨드리겠다는 집념이 결국 다섯 번째 손자가 태어나는 결실을 맺게 되었다. 많은 손녀들을 한결같이 사랑하고 돌보며 키운 조상들의 음덕이라 생각한다. 그때 아버님과 어머님이 손자가 태어난 기쁨에 환하게 웃으시던 모습은 말로 표현할 수 없을 정도로 감동적이었다.

손자를 보시는 아버님, 어머님의 얼굴은 만면에 웃음이 가득했으며, 지금도 나는 그 웃음이 눈에 선하게 떠오른다.

이 아이들이 모두 건전하고 건강하게 성장하여 모두 제 몫을 하는 사회인으로 활동하는 모습을 보면서 나는 늘 아버님, 어머님의 손자, 손녀 사랑을 생각한다.

마침 그이도 조상의 음덕인지 5년이란 고통의 세월을 교도소 안에서 책과 싸운 결과 출소 후 그 어렵고 비좁은 공간을 뚫고 국회의원 보좌관, 독립기념관 사무처장, 평택대학교 대우교수, 가락중앙종친회 사무총장, 상임이사, 중앙종무위원장으로 활약했다. 그 외에도 크고 작은 사회단체를 이끌면서 많은 저서와 강연, 기고문 등으로 5남매를 모두 대학까지 졸업시키고 늦게나마 무죄판결을 받아 명예회복까지 되었으나, 부모님들은 그 모진 세월을 이겨내고도 그이의 성공하는 모습을 보시지 못하고 타계하시어 우리들은 가슴에 죄스러움이란 깊은 상처를 안고 살아간다.

  재심재판 중에 변호사가 나를 만나보고 싶다 하여 갔더니 그 당시 내가 띄엄띄엄 기록해 놓은 일기장이 재심에 도움이 되었다면서 간단한 수인사를 한 후 농담 반 진담 반으로 유신체제의 그 어두운 어려움을 어떻게 견디며 가정을 지킬 수 있었습니까? 이런 사건을 많이 맡아보았는데 대부분의 부인들이 가정을 버리거나 개가하고 아이들은 빗나가서 온전하게 가정을 지탱하는 사례를 볼 수 없었는데 참으로 예외의 집안이라 한 번 만나보고 싶었다면서 그 이유를 물었다.

  내가 대답하기를

"사실 그이에게는 재산도 없고, 출소해도 사회의 냉대 속에 취직이 안 될 것은 뻔하여 1%의 희망도 없었지만 내가 만약 그이를 버렸다면 그이는 주변으로부터 진짜 간첩이란 누명을 벗지 못하고 출소해도 스스로 타락하여 김씨 집안은 망했을 것입니다. 나의 외조부는 독립운동가로 중국 신경감옥에서 총살당했고, 외삼촌은 당시 학생 신분이었지만 독립운동가인 아버지의 행방을 대라는 일경의 고문으로 옥사했습니다. 만석꾼으로 알려진 의성 사촌 마을에서 최고 부자였던 외가는 이렇게 3대의 항일운동으로 인하여 재산도 다 날리고 외가는 풍비박산 되었습니다. 나의 외조부는 유명한 박시목 씨이고 그 동생이 평화운동가 박진목 씨였습니다. 독립운동가의 피가 흐르는 내가 죄 없는 줄 뻔히 알면서 그이를 버리고 시가의 그 인품 좋은 시부모님을 버린다면 돌아가신 나의 어머니가 나를 자식 취급도 하지 않을 것입니다. 나는 어머니의 뜻을 버릴 수 없었고, 남편과 시가 식구들의 지극히 인간적인 그 인성 또한 버릴 수 없었습니다."

아버지의 방식

- 차남 시백

1960년대 농촌에서는 농가부업으로 양잠(누에치기)이 성행하였다.

우리 마을에서도 규모가 크든 작든 집집마다 양잠을 했다.

그 중 우리집은 동네에서 첫째 둘째를 다툴 만큼 양잠을 많이 쳤다.

일년 중 봄과 초가을에 두 번 약 30일간 치는 양잠 농사는 농가의 중요한 수입원이 되는 반면에 양잠철에는 뽕 따서 누에 밥 주고 누에 똥가리는 끊임없는 작업으로 그야말로 장승의 손이라도 빌리고 싶을 만큼 온 집안 식구들이 매달려야 하는 고된 작업이었다.

또한 집안 방방이 누에들로 가득 차서 일상생활도 매우 불편하였다.

결국 제대로 된 양잠을 위해서 뽕밭 뒤편에 잠실을 건조키로 결정하였다.

그렇게 해서 초여름 동네 앞 내성천 물가에 건축용 시멘트 블록 수백 장을 찍어 놓고 말리던 중 철 이른 장마로 인해 상류에서 쓸려온 모래로 블록 일부는 떠내려가고 나머지는 토사에 깊게 묻혀 버리는 천재지변을 겪었다.

장마가 끝나자 인부를 사서 고대 유물을 발굴하듯이 모래밭을 뒤집는 블록 발굴 작업을 힘들게 하였다.

주변 사람들이 그냥 포기하고 새로 찍는 것이 더 낫지 않냐고 조언을 하였으나 아버지는 단호하게 거절하시면서, 힘든 직업에 인건비가 들어도 찾으면 자원이고, 그냥 버리고 포기하면 아까운 자재가 그대로 없어진다고 하셨다.

그렇게 한여름 고생한 덕에 제대로 양잠도 치고 농막으로도 삼을 수 있는 잠실을 완성하였다.

아버지는 우리나라 1960년대에 대부분의 농촌 가정이 어려웠던 시기에 누에 키우기,

조생종 올벼 키우기 등으로 가용할 목돈을 마련하셨으며, 공무원으로 재직하시면서 출근 전 퇴근 후 농삿일을 돌보신 그 근면, 성실함과 선구적인 영농 방법으로 빈한했던 집안 살림을 여유있게 하셨고, 슬하의 5남매 모두 고등교육을 마치게 하셨다.

또한 "적은 돈을 아껴 쓰고 큰돈을 보람있게 쓰라"는 가르침을 남기셨고, "헌것을 잘 활용해야 새것이 유지된다"는 생활철학도 몸소 실천하셨다.

아버지는 일생동안 시계추처럼 정확하고 어김이 없이 본인의 철학과 방식대로 한 세상을 의연히 사셨다.

마침 형님께서 아버지의 생애를 요약하고 남기신 자료들을 모아 아버지 일대기를 저술하니 매우 반갑고 새삼 매사에 당당하시고 분주하셨던 아버지의 그 모습이 그립다.

아무에게나 큰절하지 말아라

- 막내 시열

I

아버지는 마흔일곱에 나를 봤다.

막내아들이 귀엽기도 했겠지만, 늦게 낳은 자식이 잘 살아갈 수 있을까, 앞날에 대한 걱정도 크셨을 것이다. 중·고등학생 때 새해 정초면 자주 들려주셨던 말씀을 기억한다. 함께 TV를 볼 때도 가끔 꺼내시던 이야기였다.

지금 생각하면 어리버리하고 유약한 막내를 조금 더 줏대가 센 사람으로 길러야겠다는 맞춤형 교육 아니었을까 싶다.

'아무한테나 큰절하지 마라. 큰절은 부모맞잡이한테만 하는 거다.'

내가 늘 봐 왔던 7,80년대 인사법이 큰절이었고, 동네가 집성촌이라 어른이라면 누굴 만나더라도 넙죽 엎드려 큰절을 올려야 하는 줄 알았던 나로선 뜻밖의 말씀.

"아랫사람한테 아무 자리에서나 큰절 시키는 어른도 못 나고 못 배운 사람들이다."

"아니 왜요?"

"큰절 받은 사람도 똑같이 맞절로 돌려줘야 하는데, 제대로 아는 사람이라면 자리 봐가면서 시키지 아무 자리에서나 절 시키나?"

살면서 부모맞잡이란 무게감 지닌 사람 만날 일, 얼마나 될까.

큰절 할 일이 거의 없어진 오늘날이지만 어릴 때 그 말씀은 아직 쟁쟁하다. 내 마음 속에선 누굴 만나더라도, 어떤 권위에도 주눅 들지 말고 살아가라는 당부 말씀으로 변주되어 이제는 아버지 손자손녀한테 스며든다.

II

아버지가 예천 장날이나 모임에서 돌아와 그날 있었던 이야길 들려줄 때, 당신 자랑이 대부분인 이야길 우스갯소리처럼 꺼내놓으실 때, 30촉 백열등 아래 둘러앉은 우리 집 밥상엔 덩달아 웃음꽃 피어났다. 집안에서 엄마한테 자주 소리 지르는 ─온 식구들이 질색하는─ 일 빼곤, 아버지에 관한 기억은 다 좋았다.

아버지가 한창 어려운 일을 겪었을 때인 1975년에서 1980년 사이 연세가 지금 내 나이인 60대 초였다. 집안에 웃을 일 그렇게 많지 않을 때였지만, 웃음으로 식구들 안정을 바라는 마음이셨을까, 늘 웃음을 잃지 않으셨다. 나는 단 한 번도 아버지가 어려움을 못 이겨 술 뒤에 숨거나 절망해서 주저앉아 계신 모습을 본 적이 없다.

III

아버지 이야기가 나올 때마다 나는 이 일이 궁금했다. 지금 나와 같은 63세 나이에 대형 냉장고 2개를 눕힌 정도 크기의 나뭇짐을 지고 집 뒤 산비탈(청재)을 하루에 두 번씩 오르내리셨다. 근력을 많이 쓰는 농사꾼이라서 그 정도는 누구나 다? 내 기억으로 그때 그런 짐을 지는 분은 마을에 딱 두 분밖에 없었다.

취미로 마라톤 풀코스 달릴 때, 나도 힘 좋다는 말 여러 번 들었는데 이제야 그게 아버지한테 물려받은 거란 걸 알게 되었다. 잘 웃는다는 소리도 자주 듣는 편인데 그것도 아버지가 주신 유산이었구나, 뒤늦게야 깨달았고. 웃음 뒤에 짙게 드리웠을 외로움, 짊어진 커다란 나뭇짐보다 더 큰 무게로 짓눌렀을 삶의 고단함 한 번 제대로 위로해 드리지 못한 회한도, 이제야!

나의 할아버지

- 첫째 손녀 윤선

'그만 들어가세요.'

나는 입모양으로만 뻥긋거리며 손을 흔들었다. 할아버지는 베란다에서 가만히 나를 내려다보고 계셨다. 내가 안 보일 때까지 그 자리에 계속 서계시리라는 걸 알고 있었지만 왠지 눈물이 날 거 같아서 다시 돌아보지 않았다.

그게 할아버지와의 마지막이란 걸 알았더라면 한 번 더 돌아봤을걸….

1975년 건국중학교 국사과목 교사였던 우리 아빠는 박정희 유신정권시절 간첩방조죄라는 누명을 쓰고 옥살이를 시작했다. 그 당시 세 딸을 둔 전업주부였던 우리 엄마는 생활고로 인해 당시 5살이었던 나와 4살이었던 명선이를 할아버지 댁으로 보냈다.

갑작스러운 부모와의 생이별로 인한 정신적인 충격에 푸세식 변소와 펌프식 우물의 불편함 따위는 느낄 틈도 없었다.

난 할머니와 별로 사이가 좋지 못했는데, 내가 워낙 장난기도 심한 데다 반항심까지 더해져 온 동네를 들쑤시고 다니며 아이들을 때리고 다녀, 맞은 아이의 엄마가 하루가 멀다 하고 찾아와 할머니에게 호소하기 일쑤였고, 호기심도 많아 혼자 째깍째깍 소리를 내며 돌아가는 시계침이 궁금해서 벽에 걸려 있는 시계를 막대기로 쳐서 내리려다 깨뜨리고, 그 시절 비싸서 할머니가 애지중지 아끼던 설탕도 기어이 찾아내 훔쳐 먹다 다 엎어버리는 등 일일이 열거하기가 힘들 정도로 말썽을 피웠다.

지금 생각하면 억울하게 투옥 중인 장남 걱정으로 눈물 마를 날 없었던 할머니에게 난

참 감당하기 버거운 손녀였다.

이렇게 여러모로 서로 불편했던 나의 시골생활에 유일한 안식처가 할아버지였다.

할아버지는 매일 산에 가서 땔감이 될 만한 나무를 지게에 한가득 싣고 내려오셨는데 말썽을 부리고 집에서 도망친 날에는 라일락 나무 위에 올라가 꽃을 따먹으며 할아버지가 내려오기만을 기다렸다. 그런 날은 노을을 등에 업고 커다란 지게를 지고 내려오시는 할아버지가 난 유난히 더 든든하고 좋았다.

할아버지는 어떤 잘못에도 무조건 우리를 감싸고 도셨는데, 그런 이유로 할머니와 할아버지는 자주 말다툼을 벌이곤 하셨다. 어린 마음에 난 항상 할아버지가 이기길 응원했다. 할아버지는 우리를 산에 자주 데리고 다니시며 꽃이랑 나무 이름도 많이 알려주셨는데 내가 싫어하는 쓰기만한 도라지가 그렇게 아름다운 꽃을 피운다는 사실에 충격을 받았던 기억이 아직도 생생하다.

나와 명선이는 항상 할아버지랑 같이 잠을 잤는데 돌이켜보니 새벽부터 시작된 할아버지 할머니의 고단한 하루일과 중 유일하게 쉬는 시간이 딱 자는 시간뿐이었던 거 같다.

내겐 아직까지 잊히지 않는 할아버지의 모습이 있는데 그건 불도 꺼놓은 채 뉴스를 보시던 할아버지의 뒷모습이다. 그날은 박정희 전 대통령의 사망에 관한 뉴스로 난리였는데 국민학교 2학년이었던 나는 TV에서 통곡하고 우는 어른들의 모습을 보고 같이 따라 울었다. 아마 얼굴도 모르는 박정희의 죽음이 슬퍼서가 아니라 같이 있던 동생 명선이가 서울로 올라가고 혼자 남은 서러움도 한몫 했던 거 같다.

할아버지는 한 마디 말씀도 없이 가만히 TV만 보고 계셨는데 그날따라 작아 보이는 할아버지 등에서 슬픔인지 희망인지 뭔지 알 수 없는 감정이 느껴졌다. 산더미같이 무거운 지게를 지고 있을 때보다도 그날 할아버지 등은 더 버겁게 느껴졌다. 훌쩍거리는 나를 보면서 할아버지는 무슨 생각을 하셨을까?

얼마 전에 TV에서 이젠 고인이 된 이선균이 주연을 맡은 '나의 아저씨'란 드라마를 감명 깊게 봤다. 어느 현실에서도 환영받지 못할 이력의 여주인공에게 이선균이 진정한 어른인 아저씨가 되어주면서 서로에게 위안이 되어주는 줄거리인데 난 할아버지가 생각났다. 할아버지는 내겐 아름다운 추억이기도 하지만 받은 사랑에 비해 너무 못해 드렸다는 죄책감 때문에 아픔이 더 큰 추억이다. 나의 아저씨를 보며 잠깐 그런 생각을 해봤다. 어쩌면 할아버지도 힘든 그 상황에서 철없는 우리가 가끔은 위안이 되지 않았을까? 하고 스스로를 위로해 본다.

    나의 할아버지! 제 할아버지가 되어주셔서 감사하고 사랑해요.

할아버지의 유산

- 둘째 손녀 명선

어린 시절, 할아버지와 함께한 시간은 언제나 내 마음 속 깊이 새겨져 있다. 할아버지께서는 언제나 무거운 지게를 메고 산길을 오르셨고, 그때 그 순간들의 기억은 지금도 내 가슴 깊은 곳에서 그리움으로 다가온다. 땀방울이 흘렀던 그 길 위에서, 바람과 자연의 향기 속에서 할아버지께서는 가끔씩 "메뚜기 잡아봐라" 하시며 우리에게 작은 기쁨을 주셨다. 그 작은 메뚜기조차도 할아버지와 함께라면 특별한 존재가 되었고, 나는 그 생명체에 빠져들며 하루 종일 그 행복한 순간을 잊지 못했다.

할아버지께서 키우셨던 도라지꽃이 피던 들판을 함께 걸었던 기억도 떠오른다. 그 하얀 꽃잎들이 바람에 흩날리며 마치 세상의 순수함을 그대로 담고 있는 듯했고, 할아버지께서는 그 꽃을 손수 꺾어 내게 주셨다. 넉넉지 않은 살림 속에서도 할아버지께서는 자신의 음식 중에서 가장 맛있고 큰 것을 내게 내밀어 주셨고, 커다란 호박에서 꺼낸 호박씨를 햇빛에 말려 간식으로 주시기도 했다. 할아버지는 언제나 자신이 가진 모든 것을 아낌없이 나누어 주셨다.

초등학교에 입학하기 위해 할아버지와 떨어져 서울로 갔을 때, 낯설고 어색한 서울의 환경 속에서 할아버지에 대한 그리움은 밤마다 나를 울게 했다.

시간이 흐르고 성인이 되어 돌아보면, 마음 한 켠에서 미안함이 밀려온다.

할아버지께서 나에게 주셨던 사랑과 가르침에 비해, 나는 그때 충분히 감사와 효도를 표현하지 못했음을 후회하며 가슴이 아프다. 그때는 할아버지의 말씀이 너무나 당연하게 느껴졌고, 그 시간이 영원히 계속될 것처럼 생각했지만, 이제는 그 모든 순간들이 그리움으로 미안함으로 내 마음 깊은 곳에 아프게 남아 있다.

할아버지께서 남기신 소중한 말들

"자연을 사랑하고, 작은 것에 감사하며, 사람들에게 진심을 다해라."

이제야 그 진정한 의미를 깨닫게 되었다.

그리움이 커질수록, 할아버지와의 시간은 점점 더 특별해지고, 그때의 모든 순간들이 눈물로, 또 가슴 깊은 곳에서 떨리는 기억으로 남는다. 이제는 그 모든 순간을 되돌릴 수 없다는 걸 알기에, 할아버지께 감사한 마음을 마음속으로만 전할 수밖에 없지만, 그 미안함과 그리움은 결코 사라지지 않는다.

할아버지께서 남기신 사랑과 가르침을 가슴에 품고 살아가며, 할아버지와 같은 덕 있고 넉넉한 마음을 품으며 나이 들어가고 싶다.

비록 다시 만날 수는 없지만, 할아버지와 함께한 모든 순간들이 나를 지금의 나로 만들어준 소중한 밑거름이었음을 잊지 않을 것이다.

"할아버지, 당신과 함께한 어린 시절은 제 삶에서 가장 평화롭고 사랑이 가득했던 최고의 시간이었습니다. 할아버지를 정말 사랑하고, 너무 그립습니다."

ㄱ자 할머니

- 셋째 손녀 혜진

나는 할머니가 싫었다. 노인들은 나에게 두려움의 존재였다. 왜 그런지 모르지만 내가 어렸을 때 본 대부분 시골 할머니들의 얼굴은 할아버지들보다 더 깊은 주름으로 패여 있었고, 그네들의 쪼그라져 있는 손이 내게 다가올 때면 조르륵 방안으로 들어가 문고리를 잡고 무서움에 떨며 꺼이꺼이 울곤 했다.

특히 내가 기억하는 아버지의 어머니는 기이한 형태로 나를 바라보고 있었다. 내가 기억하는 그녀는 한 번도 허리를 제대로 편 상태로 걸어다닌 적이 없었다. 나는 그녀를 ㄱ자 할머니라 불렀다. 음식을 만들건, 걸어다닐 때건, 나에게 다가와 이야기를 할 때건 항상 ㄱ자로 어기적어기적 다니셨다. 더군다나 왼쪽 새끼손가락마저 바깥으로 꺾어져 큰 허리 ㄱ자와 작은 손가락 ㄱ자는 묘한 조화를 이루고 있었다. 아버지는 그녀가 약한 몸에 시골 일을 감당하기가 어려워서 저렇게 되셨다고 하셨다. 새끼손가락은 사고로 그렇게 되셨고….

선천적인 것이 아니었을지라도 나는 할머니랑 몸이 닿는 것조차도 싫어했다. 무서웠다. 그녀와 조금이라도 몸이 닿으면 나도 저렇게 평생동안 ㄱ자로 살아야 될 것 같았다. 방학 때마다 시골에 내려가 그곳에서 한달 이상을 지내면 나는 악몽에 시달렸다. 그녀를 바라보고 있자면 내 허리가 뻐근하게 아파 올 정도였다. 내 새끼손가락마저 마비가 올 정도였다.

하지만 할아버지는 시골에서의 불만스러운 내 생활을 보상해 주곤 하는 존재였다. 그는 힘의 상징이었다. 시골집에서 모든 것은 그의 말 한 마디로 가능했다. 할머니는 할아버지가 원하는 모든 것을 즉석 해결해 주어야 했다. 할아버지의 매끄러운 피부와 눈웃음은 쪼

글쪼글한 할머니보다 어린 내 눈에도 훨씬 더 매력적이었다.

매일 오후 노을이 질 때쯤 되면 산 어귀에서 작은 산이 성큼성큼 움직이며 내려온다. 나는 그 시간만을 목이 빠져라 기다렸다. 당신 몸의 3배 이상은 되어보이는 나무를 지게에 지고 집으로 돌아오시는 할아버지의 모습이 저만치서 보이면 잽싸게 달려나가 대문을 활짝 열어드렸다. 시골에 내려가 지내면서 내게 가장 들뜬 시간이었다.

나는 할머니 손에서 냉큼 수건을 빼앗아 쇠 대야를 가지고 그에게 달려갔다. 수도 펌프에서 펌프질을 해서 내 손으로 시원한 찬물을 만들어 할아버지를 위해 씻을 물을 만들어 드리려고 낑낑거리지만 어린 꼬마 애에게 펌프 손잡이는 턱없이 크고 무거웠다.

하지만 작은 산을 지고 온 할아버지는 웃으면서 한 손으로 펌프에서 차가운 물을 와르르 뽑아내셨다. 나는 그런 할아버지를 감탄스레 바라보고 있었다. 아궁이에 불을 지펴서 고구마를 구워주실 할아버지를 기다리며 조잘조잘 이것저것 이야기했다. 밤이 되면 할아버지 목덜미의 늘어진 살을 재미있다는 듯이 만지며 잠이 들곤 했다.

하지만 내게 할머니와 살갗이 이야기해 본 기억은 거의 없다. 그녀와 같이 자본 적도 없다. 그저 할머니가 할아버지에게 매일 밥을 해 주는 것처럼 그녀는 나에게 방학 때 내려가면 밥해 주고 빨래해 주는 힘없는 존재일 뿐이었다. 하지만 절대로 할머니 앞에서 할머니랑 자기 싫다느니, 할머니 모습이 보기 싫다느니 하는 이야기는 할 수 없었다. 나는 누구에게나 착한 서울 꼬마애로 보여야만 했다.

어느 날 옆집 기영이라는 꼬마가 들에 놀러가자고 나를 꼬셨다. 들판에 놀러가고는 싶지만 누구 허락을 받아야 가지? 옆에서 물끄러미 나를 바라보던 할머니는 일하는 들판으로 가서 같이 놀아라….

우리 둘은 할머니 뒤를 쫓아 들판에서 신나게 뛰어 놀았다. 할머니는 그 이상하게 굽은 허리를 더욱 굽히시고 땅만을 바라보며 열심히 일하고 계셨다. 기영이와 둘이 뜀박질 내기를 하면 할수록 할머니의 모습은 저만치 계속 작아만지고 있었다. 하지만 우리는 개의치 않고 여기저기 뛰어다니며 신기한 꽃들을 뜯으며 노래를 불러댔다. 그러던 어느 순간 시커먼 기영이의 씩씩거리며 따라오던 숨소리가 들리지 않았다. 이상한 느낌이 들었다.

고개를 돌린 순간 기영이는 저기 먼 발치에서 나를 바라보고 있었다. 무언가 겁먹은 듯

한 눈으로 아무 말도 하지 않고 나에게 다가오면 안 된다는 듯이 꼼짝 않고 그렇게 서 있었다. 그리고 문득 내 시야에 들어온 것은 시커먼 덩어리였다. 하얀 침을 옆으로 용맹스럽게 휘날리며 눈동자가 없는 것처럼 눈이 온통 하얀색으로 뒤덮인 기이하리 만치 시커먼 개가 나를 향해 돌진해 오고 있었다.

반사적으로 나는 몸을 휙 돌려 열심히 뛰었다. 아무것도 제대로 보이지 않았다. 끝이 없어 보이는 들판을 나는 그렇게 열심히 그 어느 때보다도 빠르게 뛰고 있었다. 언제까지 뛰어야 할지 모르게 뛰고 또 뛰었다. 그 개도 열심히 나를 따라왔다. 그렇게 뛰어야 하는 무슨 숙명적인 운명이 있었던 것처럼….

"할머니, 살려줘…."

평상시에 개는 손에도 대지 못하는 나에게 뒤에서 무섭게 개 짖는 소리와 나의 뜀박질은 처량하리 만큼 절박하게 느껴졌다. 제발 이 악몽에서 빨리 벗어나게 해 주세요. 순간 내 왼발은 제대로 자리를 잡지 못하고 도로 옆에 있는 구정물에 빠지고 말았다. 반사적으로 몸을 돌린 나는 내 눈앞에 펼쳐질 파란 하늘을 제대로 보기도 전에 시커먼 덩어리가 내 몸을 덮치는 것을 그렇게 망연자실하게 바라보고 있어야만 했다. 나는 개와 그렇게 한동안 격전을 벌였다.

8살짜리 꼬마에게 하얀 눈을 가진 시커먼 개의 긴 혓바닥에서 나오는 뜨거운 침을 얼굴에 느끼며 격전을 벌이기에는 너무나 벅찼다. 내 마음은 급하게 ㄱ자 할머니를 찾고 있었다. 그녀가 나를 이 급박한 상황에서 구해 줄 원더우먼이 될 수 있느냐 없느냐는 중요한 문제가 되지 않았다. 나는 절망적으로 다시 한 번 그녀를 불렀다.

"할머니, 살려줘…."

그 때 어디선가 퍽 하는 소리가 귓가에 들려왔다. 개는 신음 소리를 내며 내 몸에서 떨어져 나갔다. 눈을 게슴츠레 떴을 때 보이던 것은 ㄱ자 낫을 손에 들고 우뚝 서 있던 조그마한 덩치의 할머니였다. 햇빛이 반사되어 그녀의 얼굴을 바라볼 수는 없었지만 분명히 그녀였다. 그녀의 그림자는 낫등으로 다시 한 번 날아오르는 개의 몸뚱이를 때리고 있었다.

"제깟 놈이…."

머리를 한 대 맞은 개는 힘없이 쓰러졌지만 다시 일어나 으르렁거리며 할머니를 노려보고 있었다. 나는 한동안 그렇게 구정물에 누워서 하늘을 바라보며 꺼이꺼이 울었다. 어느새 웅성거리는 소리와 함께 기영이와 사람들이 우르르 몰려와서 그 개를 정말 개 패듯이 팼다. 나는 그 때 처음으로 할머니가 개와 싸울 자세를 하며 오랫동안 허리를 꼿꼿이 세우고 계신 것을 보았다.

집에 돌아오는 언덕길에 나는 앞장을 서서 걸으며 동요를 목청 높이 불렀다. 할머니는 그렇게 내 뒤를 천천히 따라오고 계셨다.

"우리 손녀 노래도 참 잘한다."

할머니는 어느새 예전의 ㄱ자로 돌아와 계셨다.

그 날 나는 할머니를 위해서 목이 쉴 정도로 많은 노래를 불렀다. 말로는 끝까지 못한 고마움의 마음을 표시하기 위해서라도….

여름 방학이 끝나갈 무렵 서울로 다시 올라갈 때 할머니는 어김없이 우리를 기차역까지 배웅해 주셨다. 기차가 서서히 움직이기 시작하자 할머니는 우리에게 손을 흔드셨다. 또 내가 싫어하는 삶은 달걀을 잔뜩 내미시며, 떠나는 기차를 향해 항상 그렇듯이 허리를 꼿꼿이 펴신다. 조금이라도 더 오랫동안 우리를 보시기 위해서인 듯하지만 평상시처럼 그리 오래 가지 못한다.

지금 나는 기차 통로에 서서 바깥을 바라보고 있다. 어느새 40년이 훌쩍 지나가 버린 지금, 한국도 아닌 이 낯선 타지에서 할머니가 생각나는 건 왜일까? 밖에서 오늘도 어김없이 지나가는 기차를 바라보며 아무도 알지 못하는 이들을 향해 손을 흔들고 있는 저 시골 아이들과 노인들을 보며 나는 목구멍이 뜨거워진다. 결국은 오랜 질병을 앓다 돌아가신 할머니에게 따뜻한 말 한 마디 못한 내가 할머니를 그리워 할 날이 올 줄 누가 알았으랴.

나는 왜 그녀를 그때 같은 여자로서 조금이라도 곱게 감싸주지 못했을까. 왜 그 ㄱ자 허리 한번 고이 쓰다듬어 주지 못할 정도로 못된 손녀였을까? 혼자 조용히 그 때 할머니를 위해 불러 드렸던 노래를 다시 한번 불러 본다. 40년 만에 불러도 용케 아직까지 기억하고 있는 노래들을 저 기차 바깥에서 누군가를 위해 손을 흔들고 있는 이들을 위해….

Ⅳ.
사진첩

아버지의 철학

적은 돈을 아끼고 큰돈을 보람 있게 써라.

아버지의 근검, 절약은 금전출납부로 시작된다. 아무리 적은 지출이나 수입도 빠짐없이 집계되어 과다한 지출을 억제하셨으며, 푼돈을 아끼고 큰돈을 보람 있게 써야 한다는 것을 늘 교훈으로 일러주셨다.

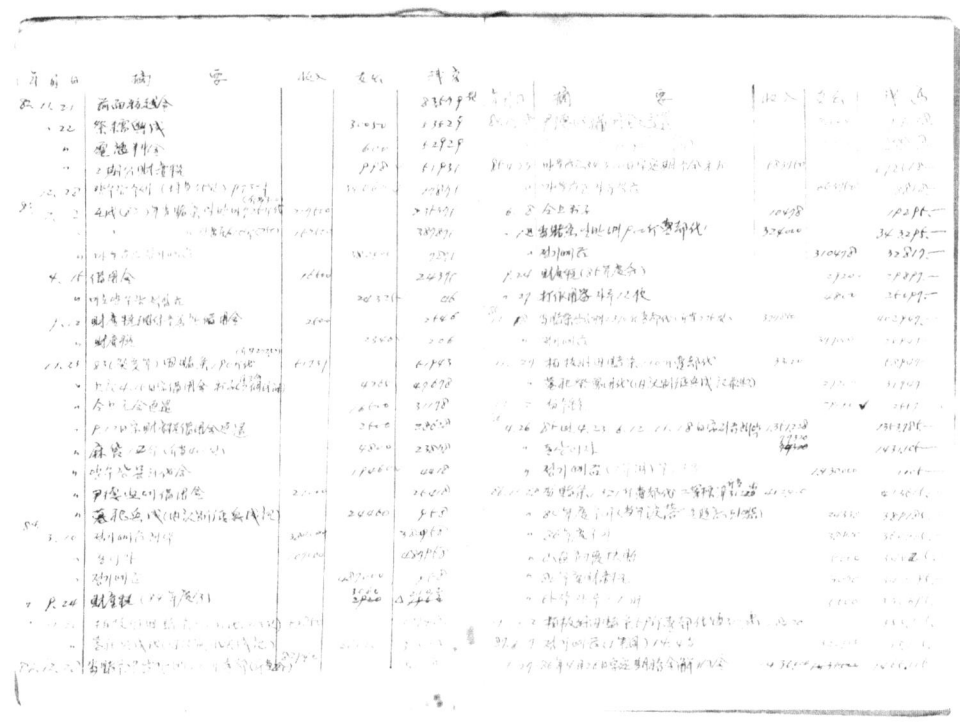

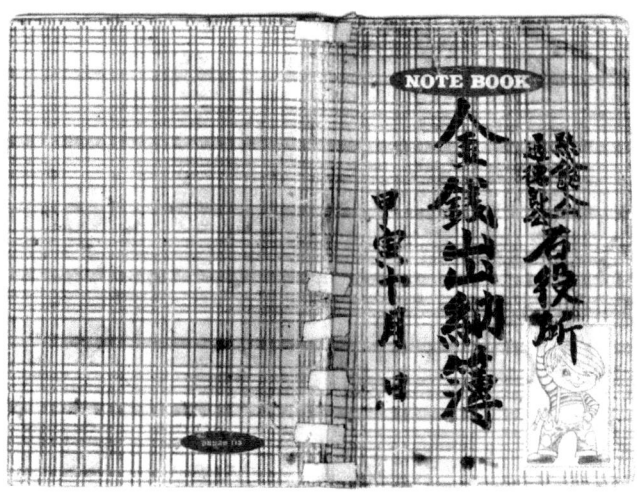

근검 절약과 알뜰한 저축으로 모은 돈은 농토 구입으로 이어진다. 아버지께서는 거의 맨손으로 출발하여 중농 정도로 자수성가하셨다.

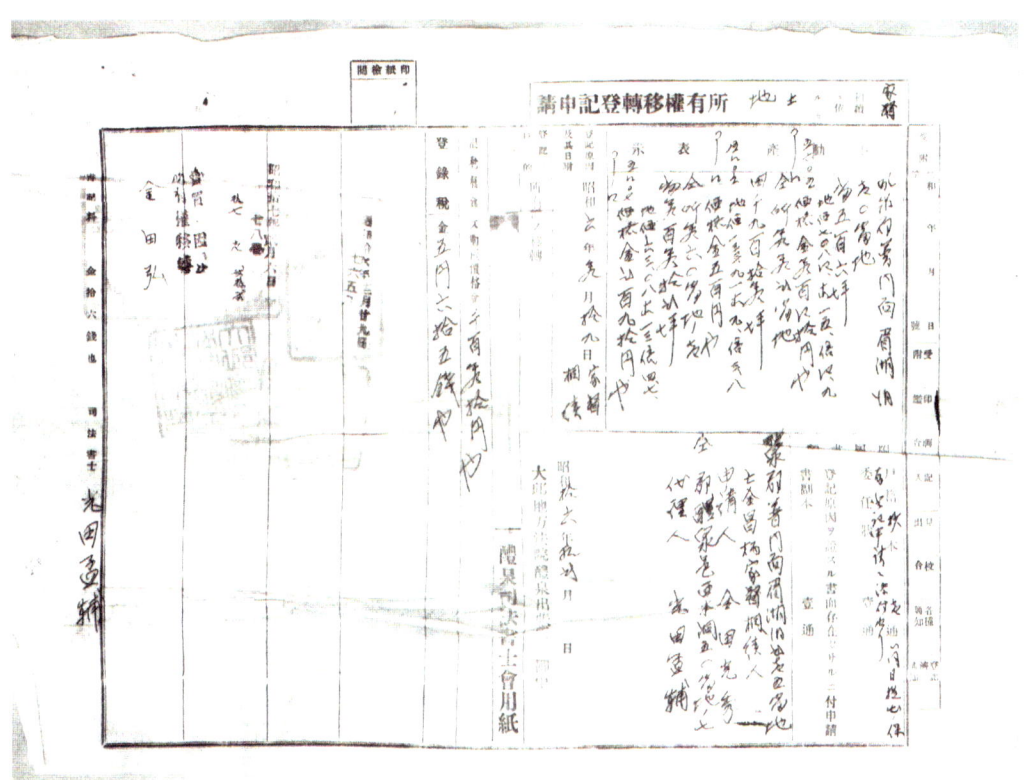

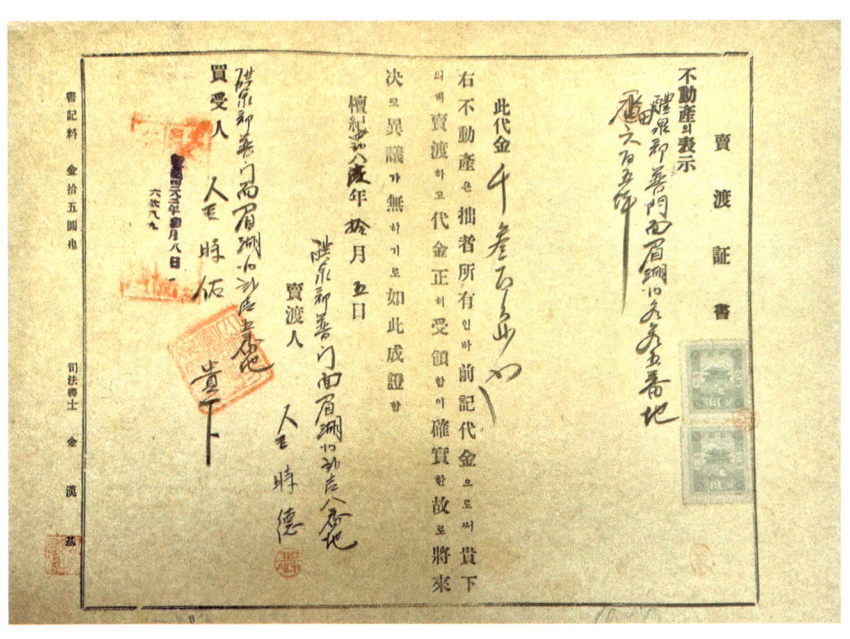

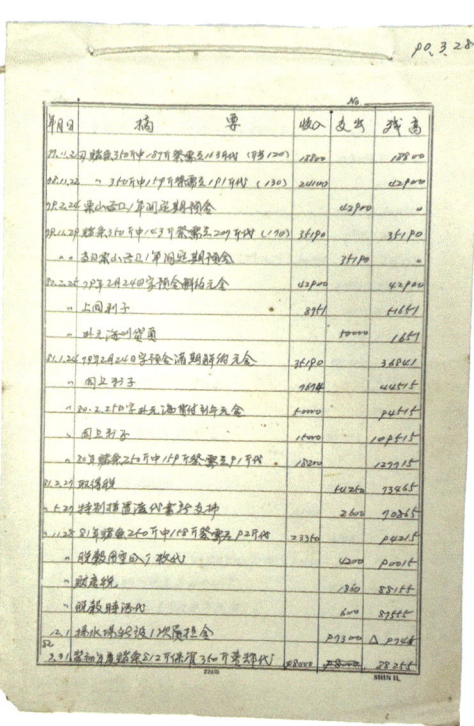
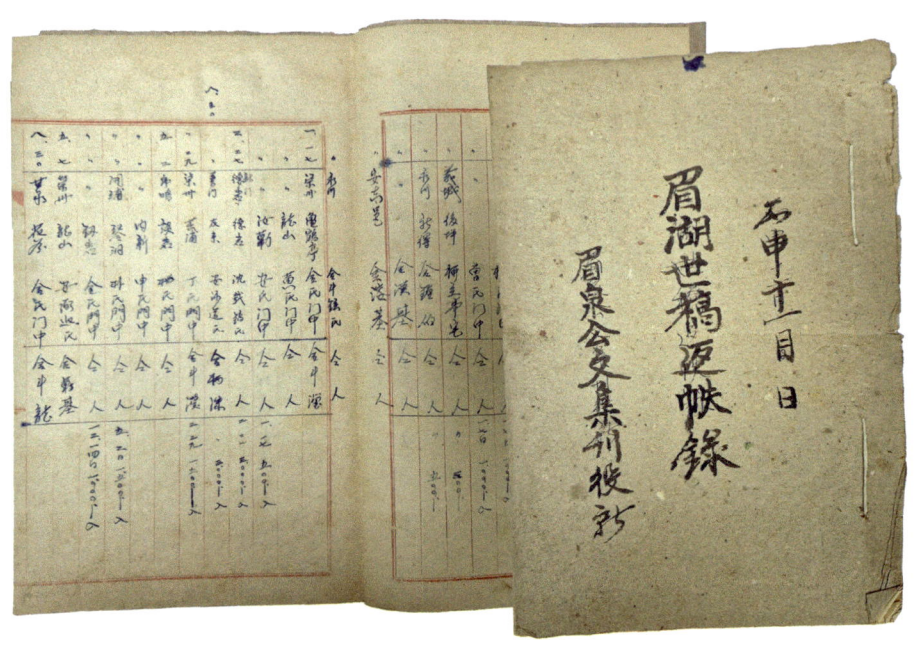

土地賣買契約書

陳波郡 善問面 新月期 香西名地 七番地 田壹仟八百拾六坪
右土地賣買代金 四百九拾萬원也

賣主 甲 李金赦
買主 乙 金斗亨

右와 如히 賣買契約 金 二百七拾萬원을 乙이 甲의 面前에서 支拂함과 同時에 受領하고 左 土地를 六拾日 以內 卽後 擧地 便宜 至二度味 等 今側 便地 新月府 立 殘餘 賣賣金 全部를 乙 買收함과 足部 但 今側 乙 買買時에 面이 圍控함 殘擇手 價賣開定이 乙이 負擔하고 立 殘擇 其足함

戊全 四百拾萬원을 殘擇과 同時에 金部 支拂하기로 함
甲乙間 違約 時는 甲은 違約金을 倍로 償還하고 乙이 支拂한 金五乙을 契約金을 選棄하기로 하다

西紀 一九八六年 三月 九日
參與人 俞鳳基 印

乙 金斗亨 印 甲 李金赦 印

土地賣買渡契約

不動産表示

一. 土地 所在 陳泉郡 善問面 新月期 五七式番地
當 四百四拾八坪 (保廟百耗上弁)
左土地賣買買代金 六萬四仟九百六拾萬也
右賣買渡人 金敎洛이 甲으로 定買受人 金斗
亨에게 乙으로 定함

中 土地賣買契約金 六萬四仟九百六拾萬 對 亨이 代金 六萬四仟九百六拾萬
中 去賣 拿 契約金 六萬 元也 乙 殘金 五萬
四仟九百六拾萬에 乙이 甲에게
支拂하기로 함

但 甲乙間 左違約 望時에 乙의 契約 金 壹億원을 違約金으로 하고
效立 乙이 用地 契約金 壹億원을 返償하기로 契約함

此契約武通金作成 古外 右表通式 所持함

공직생활

1940년 예천군 농회 기사보로 첫발을 디딘 아버지의 공직생활은 1970년 정년퇴임을 하시기까지 30여 년간 청렴과 사명감으로 공직자의 사표가 됐다.

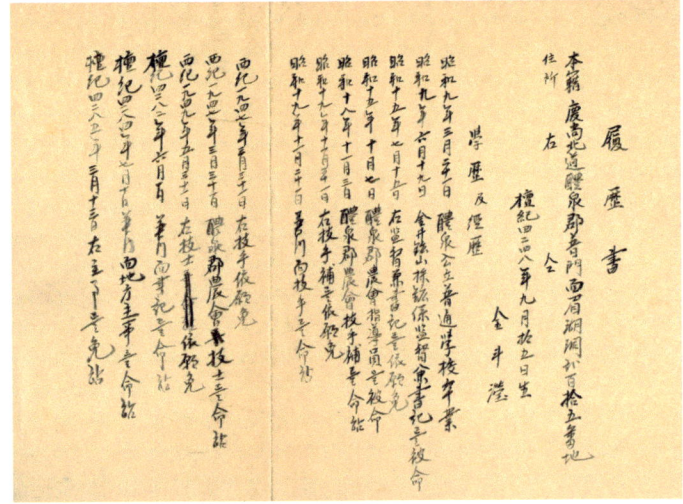

일본연호로 표기된 아버님의 자필이력서

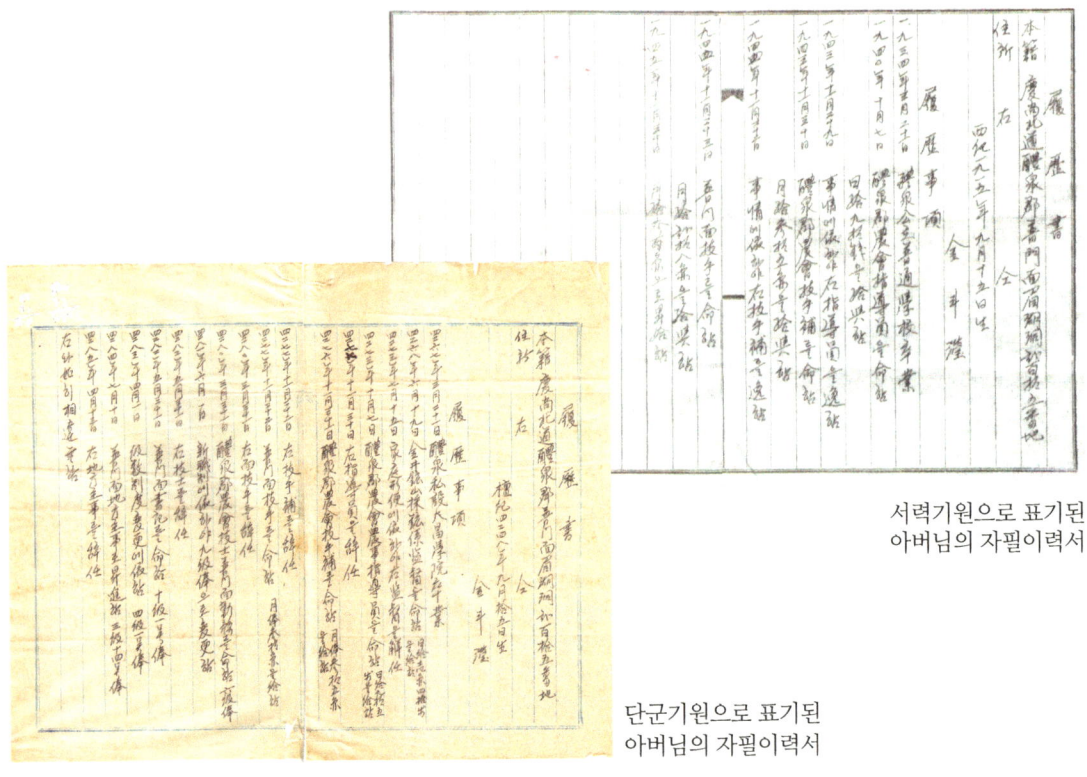

서력기원으로 표기된
아버님의 자필이력서

단군기원으로 표기된
아버님의 자필이력서

1940년 공직생활 동안의 교육수료증과 각종 표창장

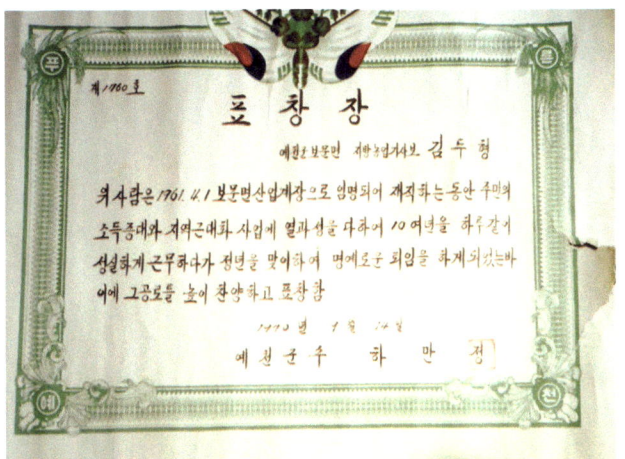
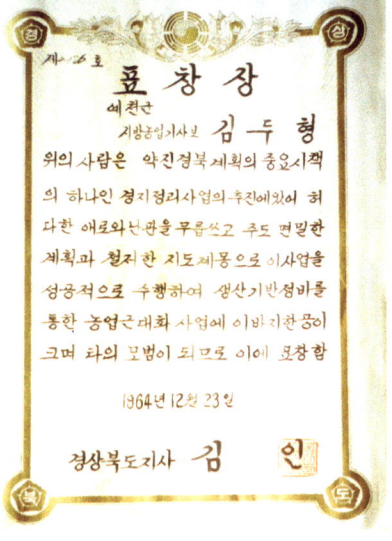
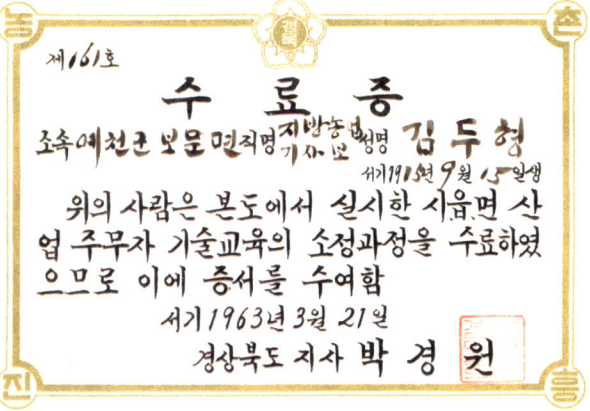
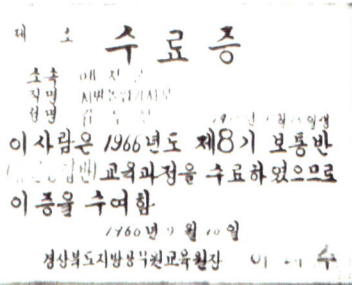
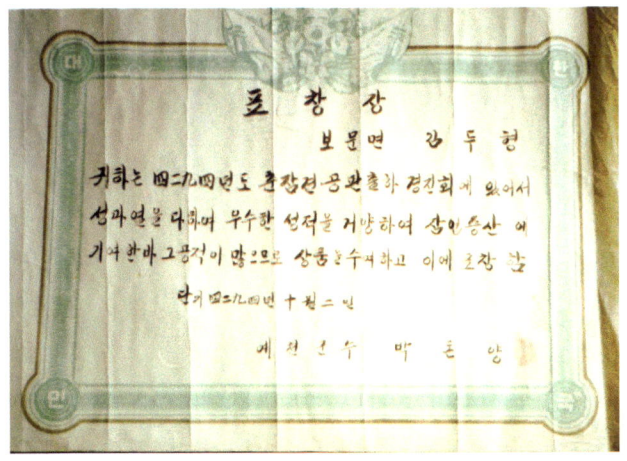
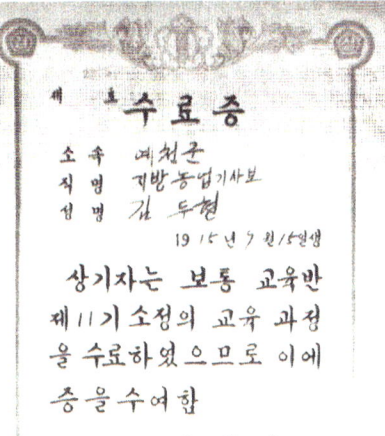

보문면 소방대장 시절(당38세). 좌측에서 둘째줄 일곱 번째가 아버님(김두형님)이시다.

보문면 산업계장 당시 보리농사 대혁신운동 대회에서 보리재배법을 발표하고 계시는 아버지.

예천군 농회지도원으로 임명된 직후 농회직원들과 기념촬영을 했다 (1940). 좌측에서 두 번째 열, 다섯 번째가 아버님이시다.

1954년 농림부 중앙농업교도원 양성 제4기 수료 후 기념촬영. 좌에서 앞줄 첫 번째가 아버님이시다.

1953년 북진통일 궐기대회. 보문면 사무소 광장에서.

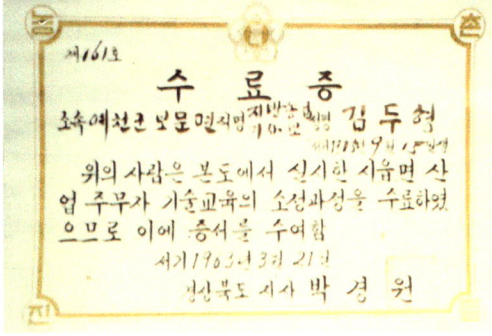
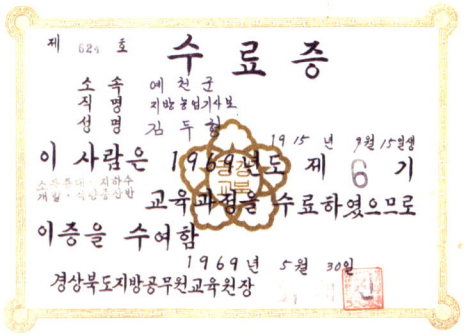

1954년 정부에서 양잠 농가육성을 위한 지도자 양성 교육을 마치고(당 39세).
위에서 두 번째 열, 세 번째가 아버님이시다.

경북 시·군 읍·면 산업계장 수련기념(1963. 3. 21).
우에서 앞줄 일곱 번째가 아버님이시다.

조상에 쏟은 아버지의 정성은 제향참사에 원근을 가리지 않으셨다.

가운데 갓을 쓰고 서계시는 분이 아버님이시다(파조 율은공 시제 광경).

서울로 이사하신 후에도 건강이 허락하시는 한
매년 음 10월 첫 일요일에 봉행하는 문중 시제에는 빠짐없이 참석하셨다. 1990년(당75세).

김해대제에 참사하시기 위해 숭화문을 들어서고 계시는 아버지, 뒤편에는 영주고등학교 재단 이사장이며 족형인 김두혁 씨가 보인다.

김해 김수로왕릉 참배하시고 기념촬영을 하셨다(우측 두 번째가 아버님이시다).

경주 흥무왕 향사에 참사한 후 금산재에서 기념촬영을 했다.
좌로부터 김안동, 아버지, 김두옥, 김홍기 등 제씨.

표절사 경내에 세워진 파조 김저 선생 신도비.

율은공파조 할아버지와 아들 전鈿, 손자 두鈄 3대의 위패를 모신 표절사.

아버님이 많은 정성을 기울이셨던 표절사는 이렇게 훌륭하게 완성되고 정든 미호리는 나날이 발전해 가는데….

維歲次乙亥六月庚寅朔初二日辛卯孤哀子時佑敢昭告于
顯考學生府君日月不居奄及再朞夙興夜處哀慕不寧謹以清酌庶羞哀薦虞事尚
饗

維歲次乙亥六月庚寅朔初一日庚寅孤哀子時佑敢昭告于
顯考學生府君形歸窀穸神返室堂神主未成伏惟尊靈是憑是依

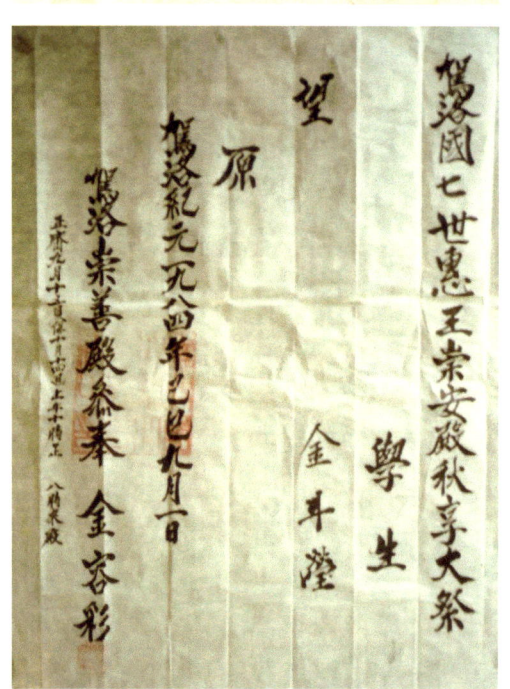

鴐洛國七世惠王崇安殿秋享大祭
望原
鴐洛紀元一九八四年乙巳九月一日
鴐洛崇善殿參奉 金容彩
學生 金斗澄

김해 숭안전(가락국 2대 도왕으로부터 9대 숙왕까지의 위패를 모신 전각) 추향대제에 학생으로 분정받은 망지望紙.

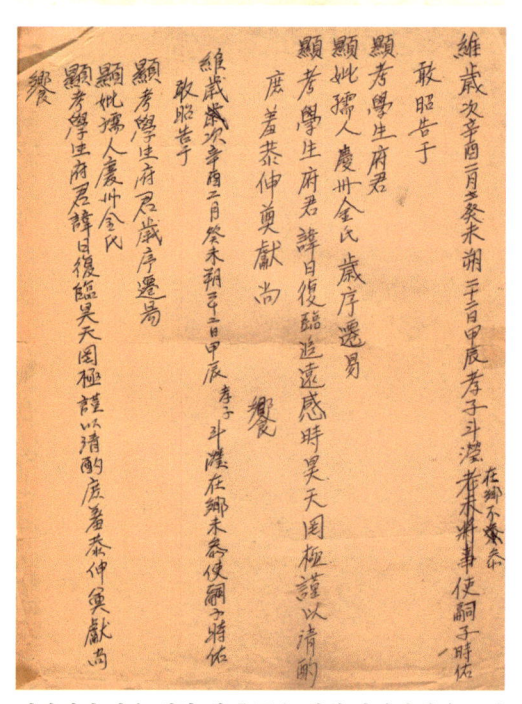

維歲次辛酉二月癸未朔二十日甲辰孝子斗澄耆未祥事使嗣子時佑在鄕不參奠敢昭告于
顯考學生府君歲序遷易
顯妣孺人慶州金氏諱日復臨昊天罔極謹以清酌庶羞恭伸奠獻尚
饗

維歲次辛酉二月癸未朔二十日甲辰孝子斗澄在鄕未參使嗣子時佑敢昭告于
顯考學生府君
顯妣孺人慶州金氏歲序遷易
顯考學生府君諱日復臨昊天罔極謹以清酌庶羞恭伸奠獻尚
饗

집안이나 마을 제향 때 축문은 대개 아버님께서 쓰셨다.

사회생활

1970년 정년퇴임 후로는 주로 예천군 노인회와 향교 유도회·종친회를 중심으로 활약하셨으며 농사를 생계로 삼으셨다.

문중 대소사를 거의 관장하시는 아버지께서는 청렴, 결백 그리고 신의 때문에 문사에 관한 살림을 도맡고 계셨다.

유림들의 모임인 운수회 총무직도 아버지에게 돌아왔다

성균관 석전제에 참석하신 아버님(당60세). 우측에서 두 번째 줄, 다섯 번째가 아버님이시다.

1991년 제3회 재경예천군민의 날 행사에 참석하신 아버님이 보문면 출향 인사들과 기념촬영을 하셨다(당 76세). 아버님의 마지막 공적 행사 참석이다(서울 자유총연맹 운동장에서). 전열 우에서 다섯 번째가 아버님이시다.

예천 운수회 회원들과 문경 관문 앞에서. 좌측에서 뒷줄 다섯 번째가 아버님이시다.

석전제에 헌관으로 집사분정된 아버지께서 제향이 끝난 후 기념촬영을 하셨다(관복 우측에서 세 번째).

좌측에서 두 번째 열, 첫 번째가 아버님이시다.

예천군 유도회원들과 여행 중 강원도 오대산 상원사 비로전 앞에서 기념촬영을 하셨다(좌측으로부터 뒷 열, 세 번째가 아버님이시다).

농사생활

아버지는 농사에 큰 선각자이셨다 : 1968년 4H 구락부를 보문면 미호마을에 최초로 창립하셨으며 벼농사에 멀칭 재배법을 도입하여 냉해를 막고 햅쌀을 늘 추석 전에 수확하여 소득을 올렸다. 이로 인하여 당시 국회의장, 농림부 장관, 서울신문사 사장 등으로부터 표창장과 감사장을 받기도 했다.

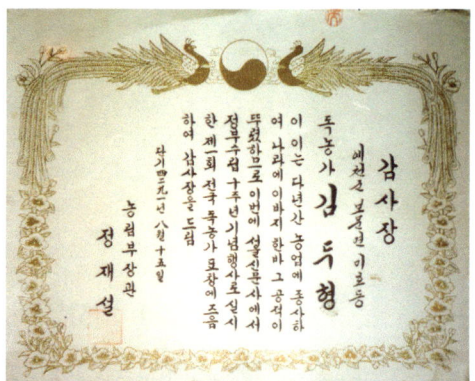
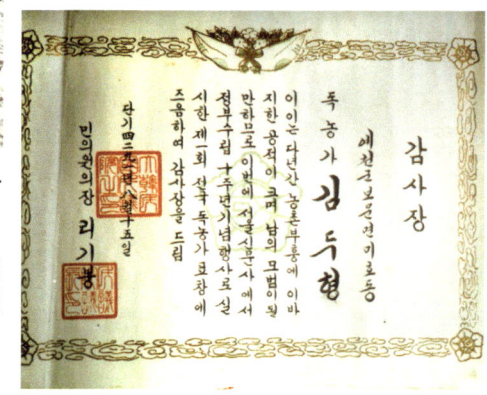

아버지께서는 공직생활의 여가를 이용하여 농사를 손수 지으셨다. 장남 시우와 메밀타작을 하고 계신다.

나(시우)는 아버지의 훈육으로 국민학교 4학년 때부터 모심기, 김매기 그리고 마구간 두엄 치우기 등 농사일을 배우고 또 부지런히 일하는 습관을 익혔다.

친목회·여행

1946년 일제로부터 해방된 후 당시 미호동의 청년들이 친목회를 조직하였다. 좌로부터 앞줄 두 번째가 아버님이시다. 이 중에 많은 분이 6.25 때 납북되고 이 책을 만드는 2025년엔 대부분 어른들이 타계하시고 생존자는 한 분도 없다.

김해 납릉(수로왕릉) 참배 후 기념촬영.

1978년 8월 60여 년 동안 한 마을에서 동고동락한 미호 친목회원들이 설악산 명승지 곳곳에서 무더위를 식히며 즐거운 한때를 사진으로 남기고 있다(당 63세).

문중사를 함께 논의하던 좌로부터 김두영, 김종기, 아버지(김두형).

설악산 어느 계곡에서.

좌측에서 뒷줄 다섯 번째가 아버지이시고, 다른 분들은 모두 미호동 친목회원들이다.

강릉 화부산사에서, 뒷줄 좌측에서 첫 번째가 아버님이시다 →

앞줄 중앙이 아버님.

앞에서 두 번째가 아버님이시다.

설악산 어디선가 휴식을 취하다 기념촬영을 하였다. 좌로부터 뒷줄 첫 번째가 아버님이시다.

설악산 등산로 입구.

미호 친목회원들. 좌에서 아랫줄 첫 번째(당35세)가 아버님이시고 옆에 계신 분이 친목회장 김두영 씨이다. 아버님은 당시 부회장이었다.

1987년 표절사 상량식에 참석한 아버님(당72세). 아랫줄 가운데가 아버지이고 좌편이 김경섭 씨, 우편이 안동 김수한 씨, 아버님 뒤에 김종오 씨가 보인다.

1975년 아산 현충사를 방문하시고 충의문 앞에서 기념촬영을 하셨다(당60세). 좌에서 아랫줄 세 번째가 아버님이시다.

1988년 이상조 경북도지사의 보문면 순시 기념사진. 한복판 검은 양복 이상조 지사 왼편 옆에 아버님이 계시고, 오른쪽이 보문면장이다.

영천 어느 곳에선가에서 율은공파 친지들과 기념촬영을 하셨다. 우측에서 두 번째가 아버님이시다.

어머니

전주이씨 희령군의 18세로 영남에서 뛰어난 선비로 알려진 이순행의 장녀 내간체의 달인이시다.

영남에서 이름난 선비 이순행 님의 세 자매, 좌측으로부터 어머니, 막내 이모, 큰 이모.

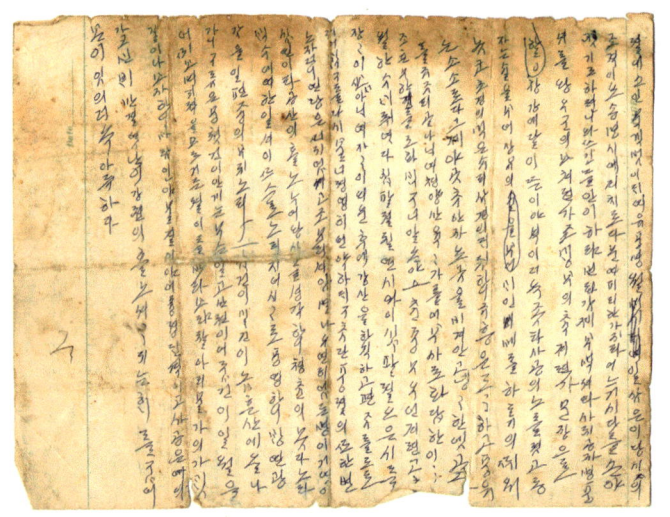

어머니는 마을은 물론 인근 부락의 사돈지까지 거의 다 쓰셨다. 붓을 들면 고치거나 초를 잡는 일 없이 물 흐르듯이 지면에 맞추어 글을 맺는다. 그러나 애석하게도 어머님의 내간체 붓글씨가 남아 있지 않았다. 볼펜으로 쓴 글 몇 장이 남아 있을 뿐이다.

1978년 재종동서 간에 어디선가 기념촬영을 했다. 왼쪽 첫 번째가 재종동서 토께 아주머님, 중앙이 어머님, 오른쪽 역시 재종동서 한개 아주머님(당61)이다. 고달픈 농사일과 어려운 살림 가운데 세 동서는 고락을 늘 같이했었다.

마을에만 묻혀 살던 미울의 어머니들이 속리산 법주사를 구경하고 기념촬영을 했다.
좌로부터 아랫줄 세 번째가 나의 어머님이시다(당60세).

미호리 구가 뜰에서 집안일을 하시는 어머니. 이때 어머니께서는 위궤양이 심하여 건강하지 못한 모습이었다.

좌측에서 제일 앞줄 두 번째가 어머님이시다. 미호동 동리 일을 성실하게 돌보는 김영근 씨의 안내를 받아 여행의 한때를 즐기고 있다.

1985년 4월 어머님은 68년 만에 처음으로 친정인 용문 구렬에서 어릴 때 같이 자란 자매, 숙질 등 딸네들과 이씨 문중으로 시집 온 여러 며느리들이 종질부(금제댁)의 인솔로 함께 제주도 관광을 하셨다(당68세).

좌측에서 첫 번째가 어머니, 그 옆에 큰이모 그리고 우측 첫 번째가 외종숙모이다.

우측에서 첫 번째가 어머니.

첫 번째가 큰 이모, 좌측이 외종숙모, 그리고 우측이 어머니.

좌측에서 첫 번째가 어머니, 그리고 외가의 외숙모들이다.

부모님의 교육열

어려운 농촌 살림에서도 아버지, 어머니의 교육열은 우리 삼형제에게 모두 학사모를 씌워 사회에 내보냈다.

장남 김시우

1970년(당55세) 장자(시우) 대학졸업식에 참석하신 아버님(좌에서 세 번째)과 막내이모(좌에서 여섯 번째), 외숙모(일곱 번째), 우측 첫 번째가 어머님(당53세)이시다.

맏아들 시우 졸업식에 참석하셨던 아버지와 어머니가 건국대학교 교정에서 기념촬영을 하셨다.

맏아들 시우 대학졸업식에 참석한 어머니가 막내이모와 건대 교정에서 다정하게 대화를 나눈다.

애써 가르친 삼형제의 졸업식 때면 아버지, 어머니 그리고 영주누님과 이모들까지 모두 참석하여 졸업을 축하하고 순조로운 사회진출을 희망했다.

차남 김시백

시백이 졸업식 참석 후 건대 황소상 앞에서 좌측 전열 큰이모, 어머니, 영주누님(춘희). 뒷열 좌측 첫 번째가 아버지, 작은이모, 종백, 시백, 시우.

시백이 대학졸업식에 참석하셨을 때의 아버지와 어머니.

막내 김시열

1981년 막내아들 시열이 졸업식에 참석한 어머님이 세 아들과 기념촬영을 했다. 좌측으로부터 장자 시우, 중앙이 시열, 우측이 차자 시백.

자녀들의 출가

장녀 춘희는 반남인 박원수와 결혼하였다. 40여 년간 청렴하고 성실한 공복으로서 공직사회에 두터운 신임 속에 1997년 명예퇴직했다.

아버지는 49세이신 1964년 맏딸을 출가시키고 첫 사위 (반남인 박원수)를 보았다.

장녀 춘희 부부. 남편은 반남인 박원수이다.

첫 사위를 보는 아버지가 막내아들 시열이를 안고 사위 옆에서 기념사진을 찍었다. 아버지 앞에는 할머니가 서 계시고, 오른쪽 끝에 누이동생 숙희가 귀를 막고 서 있으며, 뒤에 어머님의 서 계신다.

장남 시우는 영월신씨(신종갑)와 결혼하여 1남 4녀를 두었다.

시우 결혼사진(1970년 5월 16일 아버지는 맏며느리를 맞았다).

양가 친인척의 기념사진.

↑ 주례 앞으로 입장하는 큰아들 시우.

← 장인(신승한) 어른이 맏딸(신종갑)을 주례 앞으로 입장시키고 계시다.

첫 며느리를 본 아버님(당55세)과 어머님(당53세)이 기쁨을 감추지 못하시고 어머님과 할머니는 덩실덩실 춤까지 추셨다.

할머니(경주김씨 艮洞)께서 폐백과일 그릇을 이고 덩실덩실 춤을 추며 첫 손부를 기쁘게 맞이했다.

좌측으로부터 어머니, 큰고모, 작은고모가 폐백상을 받고 계시다. 뒤편에서는 할머니가 춤을 추고 온 동리가 축제 분위기였다.

아버님이 큰며느리의 폐백상을 받고 계시다.

결혼 50주년 금혼여행, 상하이 임시정부 청사 백범 선생 흉상을 사이에 두고(2020.05).

첫째 윤선이가 재학중인 유타주립대학교 건물 앞에서 아내.

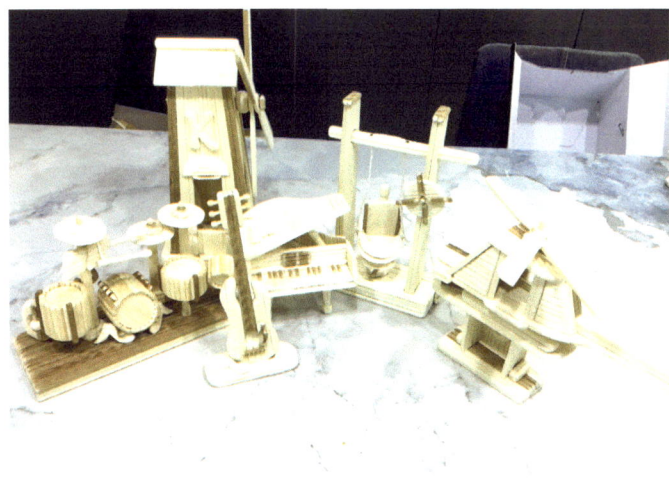

규집공은 습기 채인 TV를 완전히 분해하여 습기를 제거한 후 그대로 맞추는 며느리의 솜씨를 늘 자랑하였다.
위 작품은 나무 젓가락으로 만들어 친손, 외손에게 골고루 나누어준 며느리의 작품들이다.

Ⅳ. 사진첩   145

시우의 자녀들

종호의 5살 때 모습

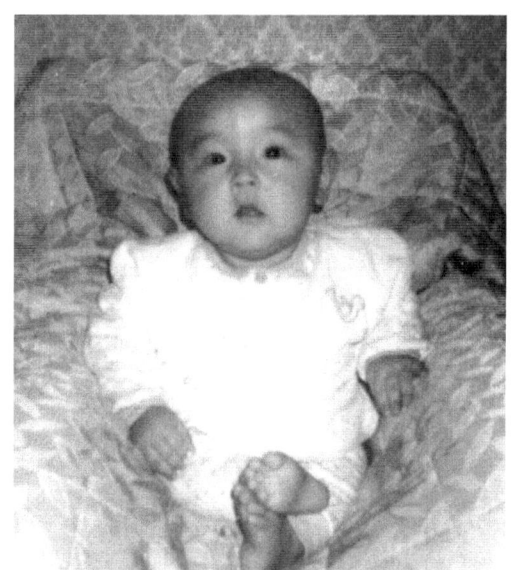

종호 백일사진

네 자매(시우 딸) 좌로부터 윤선, 혜진, 명선이에게 둘러싸인 희진이 첫돌사진.

손녀인 시우의 장녀 윤선이 재미 유학 중 죽산인 박준석과 결혼하다.

신라호텔에서 장녀 윤선이 약혼식 후 기념촬영을 했다(1994. 11. 16).

윤선이는 미국 유학중 유학생(죽산박씨 준석)과 결혼했다. 좌로부터 종호, 명선, 혜진, 희진이가 차례로 출가하는 큰언니를 둘러싸고 있다.

첫 외손주 박성호(왼쪽), 둘째 손주 박지호.

시우의 셋째 혜진이 스웨덴인 에릭 모브랜드(서울대학교 국제대학원 부원장)와 결혼하다.

태국 치앙마이에서 그 지역 전통혼례 양식으로 양가 직계 가족들만 참석한 혼례식을 마친 후 기념촬영.

외손주 구스타프와 혜진부부.

시우의 넷째 희진이 광산김씨 현우와 결혼하다.

시우의 막내 종호 승희와 결혼하다.

시우 외손자 구스탑과 외손 서이(희진 딸, 친손녀(종호 딸) 연재, 연서 자매.

1982년 결혼한 차남 시백이도 일가를 이루었다.

결혼식 후 기념촬영에 친가, 외가 식구들이 모두 참석했다.

동양사 교수이며 불교계의 최고 이론가인 이영무 교수를 주례로 모셨다.

둘째 아들 시백이가 서울에서 예식을 치루고 폐백은 미호에서 올렸다. 영주누님(좌)과 영주 4종 형수(시현)께서 둘째 며느리의 폐백 예를 인도하고 있다.

아버지께서 폐백상을 향하시면서 만면에 웃음을 띠고 있다.

폐백상을 받는 아버지와 어머니.

막내딸 숙희는 1984년 옛 연배가 있던 대룡산 황씨 문중으로 출가했다.

황실이 내외의 한복차림 기념촬영.

차녀(숙희)를 출가시키고 아버지와 어머니가 기념촬영을 했다. 희진이가 할아버지 품에 안겨있다.

1991년 막내 시열이 밀양손씨와 일가를 이루니 아버지는 77세에 비로소 5남매의 양육을 모두 마친 셈이다.

시열이 올림픽공원 야외식장에서 예식을 치루고 기념촬영을 했다.

막내아들 시열이 결혼 후 폐백을 드리고 기념촬영을 했으나 그렇게도 갈망하던 막내며느리를 보았을 때 어머님은 이미 병이 깊어 아무것도 모르는 상태였다.

가족과의 시간

할머니(경주김씨 艮洞)가 손자인 시열(막냇동생)이를 안고 있다(1962년).

지금은 없어진 미호동 우리 집 사랑 밖 배나무 앞에서 좌로부터 시우, 아버지 그리고 막냇동생 시열이가 누님(춘희)에게 안겨 있고 누이동생(숙희)이 앙증맞게 서 있다(1962년).

미호동 215번지 구가에서 기념촬영을 했다. 좌로부터 어머니(전주이씨), 누이동생 숙희(황실이), 아버지, 막냇동생 시열이. 가사를 도울 때의 장남 시우(1967년).

미호동 215번지 구가에서 좌로부터 명선, 운선, 아버님, 영주누님(춘희) 그리고 앞줄의 어머님이 외손자 정태를 안고 계시고 그 옆에 성태가 서 있다.

1984년 미호동 구가 서쪽 대문에서 영주누님과 어머님(당67세)의 모습이다.

춘희, 숙희 자매

가족과 함께 보내는 시간은 늘 즐거웠다. 근엄하신 아버님도 손자, 손녀들에게는 다정하셨고 어머님은 늘 자애로운 모습을 보였다.

첫 손녀 윤선을 안고 계시는 아버지.

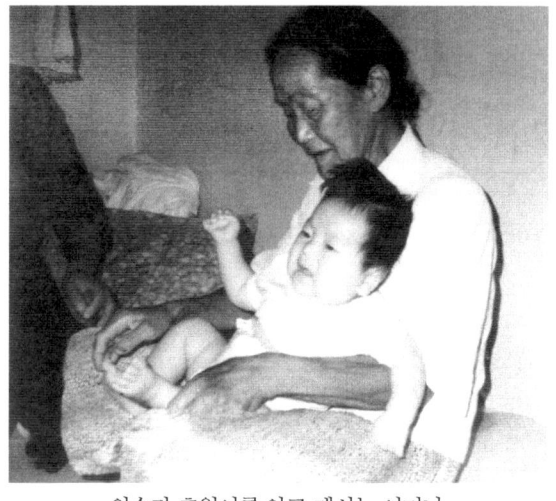

외손자 호원이를 안고 계시는 어머니.

손녀 희진이를 안고 아버님, 어머님이 기뻐하신다.

서울 시우 집에서 첫 손자(종호) 백일잔치에 참석하신 아버지께서 손녀(희진)와 손자(종호)를 안고 기뻐하시는 모습과 종호 백일 때의 어머니 모습.

아버지가 외손·친손들을 데리고 맏아들 시우 집 아파트에서 기념촬영을 하셨다. 좌측이 외손녀 황바른, 장손 김종호, 외손자 황호원, 손녀 김희진.

어머님이 외손자(황호원)를 안고 기뻐하신다.

종호 백일잔치 후 온 집안 식구들이 어린이대공원에서 기념촬영 등 즐거운 한때를 보냈다.

좌로부터 아버지, 손녀 혜진, 명선 그리고 영주누님과 장남(시우)의 옆얼굴이 보인다.

영주누님이 혼자서 포즈를 취하고 있다(아래).

아버지는 당신이 손수 정성 들여 심은 밤나무에 주렁주렁 달린 밤을 수확할 때면 우리 형제들 다 모아 수확하는 기쁨을 함께 나눈다.

웃골 증조부 묘 앞에서 밤 따던 손길을 멈추고 휴식을 취하고 있다. 좌로부터 모자를 벗으며 서 있는 시우, 시백, 희진 그리고 시열이가 엉거주춤 서 있다.

밤 수확의 손길을 잠시 멈추고 참을 들면서 휴식을 취하고 있다. 좌로부터 시열, 시백, 아버지가 전면에 돌아앉아 있고, 장남 시우 앞에 희진이가 보인다.

밤을 따고 있는 동생 시백이와 아들 종호.

아버지와 어머니가 정성 들여 가꾼 밤나무에서 후손들이 수확의 기쁨을 누리고 있다.

수북하게 쌓인 밤송이 앞에서 종호가 누군가를 큰 소리로 부르는 모습이다.

밤나무 밑에서 희진이 종호가 엉겨 붙어 싸우고 있다.

밤수확에는 늘 키가 큰 시백이가 큰 몫을 한다

싸우던 종호와 희진이가 어느 사이 다정한 포즈를 취하고 있다.

1995년 여름휴가를 시우, 시백, 시열 3형제와 그 식구들이 함께 즐겼다.

❶ 좌측으로부터 시우, 아들 종호, 딸 희진, 질녀 세인, 세영
❷ 김해대제에 참사한 시우가 제복을 입고
❸ 좌측으로부터 세인, 종호, 세영, 희진 뒤에 시백이의 옆모습이 보인다.

아버지의 79회 생신에 온 집안 식구들이 맏아들 시우 집에 모였다.

생신 축하케이크를 자르고 희진이와 세인이가 손뼉을 치며 생일축하 노래를 부르고 있다.

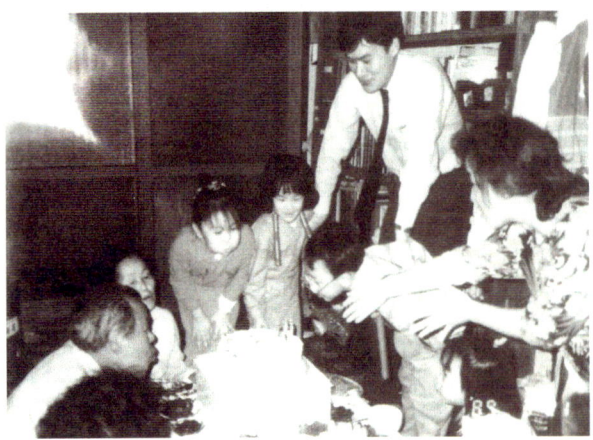

아버지와 어머니, 손자, 손녀들이 촛불을 끄고 있다.

아버님이 상경하실 때면 여러 형제가 모두 장남 시우 집에 모여서 즐거운 식사 시간을 가진다.

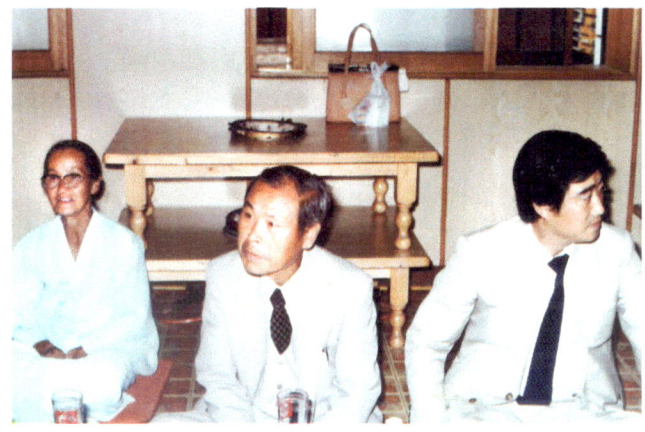

재종질 기자(여홍민씨)의 약혼식에 참석하신 좌로부터 어머님, 아버님 그리고 오른쪽 첫 번째 재종질서 곽인수(재종질 기연이) 씨이다.

증조부와 조부모의 묘지가 모두 미호동 웃골 들녘에 모셔져 있으므로 산소참배는 평상 생활의 일부로 되어 있었다.

어느 땐가 아버지와 시백이 부부 그리고 삼종간인 기정, 기진이가 성묘하고 있다.

1994년 아버님 팔순 때 아들, 딸 그리고 이모님의 세 자매들이 모여 온 집안이 함께 즐거운 시간을 보내고 있으나 이때 어머님의 병환이 몹시 깊은 상태였다.

1995년 6월 15일 어머니가 타계하시고 10일 후인 6월 25일 아버지마저 타계하셨다.

굳센 의지와 아름다운 부덕은 천생의 연분이도다.
근검 성실과 신의 절제는 모든 이의 귱식이어라.
효제 봉사와 끝없는 사랑이 향방에 우뚝하도다.
빗돌에 새긴 빛나는 삶은 길이 가전되리라.

V.
김해김씨 세계도

김해김씨 시조 김수로왕의 전각(숭선전)과 능묘(납릉)

수로왕릉은 서기 42년 가락국 시조로 왕위에 오르고 김해김씨의 시조가 된 김수로왕의 능이다. 능호는 납릉이며 사적 제73호로 지정되어 있다. 조선 세종과 선조 년간에 수축하였고, 능 앞의 비는 인조 25년에 세운 것이며, 수로왕과 허왕후의 신위를 모신 숭선전은 고종 15년(1878년)에 나라로부터 내려진 이름이다.

1987년 성역 정비사업으로 능전의 사유지와 민가를 모두 매입하여 능역을 확장하고 숭선전·숭안전·안향각·숭모재 등을 이축 혹은 신축하여 지금의 모습을 갖추게 됐다.

숭안전은 2대 도왕, 3대 성왕, 4대 덕왕, 5대 명왕, 6대 신왕, 7대 혜왕, 8대 장왕, 9대 숙왕과 왕후의 신위를 모셨다.

매년 봄(음력 3월 15일), 가을(음력 9월 15일)로 가락 후예들이 엄숙하고 경건하게 제향을 모시고 있다.

수로왕릉

숭선전

숭안전

김수로왕비 허왕후릉과 파사석탑

왕후릉은 인도 아유타국의 공주 허황옥이 AD 48년 가락국 수로왕에게 출가하여 가락국 시조 왕비가 된 보주태후 허씨릉이다. 능호는 후릉이며, 사적 제74호로 지정되어 있다. 조선 세종 년간에 수축됐고 능비와 상석 등은 인조때 세워졌다.

경내에 파사석탑이 있는데 허왕후가 인도에서 올 때 안전항해를 위해 배에 싣고 왔다는 5층 석탑이다. 이 석탑은 원래 호계사에 있었는데 고종 10년 능전으로 옮겼다. 1987년 성역 정비사업의 일환으로 능전의 사유지와 민가를 매입하여 능전을 확장하고 파사탑 보호각, 숭보재, 외삼문, 구남문 등을 신축하여 지금의 모습을 갖추게 됐다.

허왕후릉

← 파사석탑
↓ 파사각

가락국의 마지막 왕 구형왕의 전각(덕양전)과 능묘(양왕릉)

양왕릉은 가락국 10대 왕릉이며, 능포는 구형왕릉이고 우리나라에서는 보기 드문 석릉으로 사적 214호로 지정되어 있다. 전면 7단으로 총 높이는 7.15m. 조선 정조 22년 산청군 좌수 민경원이 왕산사王山寺에서 이 석릉이 가락국 구형왕릉이란 기록과 구형왕과 왕후의 영정을 발견하였다고 동국여지승람과 대동지지 등에 기록되어 있다.

흥무왕(휘 유신)이 7년 동안 시릉하면서 사대射臺에서 무술을 연마했다고 있다.

덕양전은 양왕과 왕조의 위패를 모시고 봄(음력 3월 16일), 가을(음력 9월 16일)로 제향을 받들고 있으며, 경남 지방문화재 자료 제50호로 지정되어 있다. 원래 수정궁으로 왕릉 가까이 있었는데 고종 15년 덕양전으로 개칭하고, 1928년 현재의 위치로 옮겼다고 한다. 1975년 증축했으나 주전이 적고 경내가 좁아 1987년 전릉정비 사업을 계기로 전각 주변의 전답을 사들이고 덕양전, 추모재, 왕산숙, 해산루 등을 개축 혹은 신축하여 지금의 모습을 갖추게 됐다.

양왕릉

덕양전

덕양전 영정각

중시조 흥무왕(김유신)의 전각(숭무전)과 능묘(흥무왕릉)

흥무왕릉은 삼국통일의 원훈이요, 신라 제일의 명장이며 후세에까지 추앙받는 인물로 문무왕 13년(673)에 서거한 김유신(흥무대왕으로 추봉됨) 장군의 능이다.

상부는 토봉이고 하부는 12지신상이 새겨진 24개의 호석을 둘렀는데 사적 제27호로 지정되어 있다. 7세기 이래 능역을 관리하고 제향을 받드는 금산재가 있었지만, 너무 빈약하여 1851년 중수됐으나 흥무왕릉을 관리하는 재실로서는 걸맞지 않았다. 1987년 성역 정비사업의 하나로 전각 건축을 추진하여 1992년 9월 숭무전을 완공하였으니 대왕이 서거한 지 1157년 만에 비로소 대왕의 위업에 걸맞은 전각이 건립되어 매년 봄(음력 3월 17일), 가을(음력 9월 17일)로 향화를 받들게 됐다.

흥무왕릉

승무전

흥무왕릉 둘레석에 조각된 12지상

V. 김해김씨 세계도 *177*

김해김씨 선원세계

◇ 시조 : 김수로왕金首露王; AD 42~199년

김수로왕은 김해 구지봉龜旨峯에서 탄강하여 AD 42년 가락국 駕洛國을 세우고 500년 왕업의 기초를 닦았다. 서기 48년 인도 아유타국 공주 허황옥許黃玉을 왕후王后로 맞이하여 왕자 10형제와 공주 자매를 두었다. 수로왕은 김해김씨의 시조이며 애민정치愛民政治를 펼친 성군聖君으로서 199년 3월 23일 승하하였다. 능묘陵墓는 김해시 서상동 312번지에 안장되어 있으며 능호陵號는 납릉納陵이다. 조선 고종 15년 조정에서는 대왕과 왕비의 위패를 모신 전각에 숭선전崇善殿의 선액宣額을 내리고 매년 춘추로 향사를 모시고 있다.

◇ 10세 : 구형왕仇衡王; 재위 521~532년

수로왕 10세손(2세 도왕- 3세 성왕- 4세 덕왕- 5세 명왕- 6세 신왕- 7세 혜왕- 8세 장왕- 9세 숙왕)으로 휘는 구형仇衡, 왕호는 양왕讓王. 즉위 12년 만에 신라 법흥왕의 침략을 받고 전화에서 백성들을 구출하고자 양민지도養民之道를 펼치어 나라를 신라에 양도하고 산청 왕산 태왕궁에 은거하다 붕어했다. 능침은 산청군 금서면 화계리 방장산 기슭에 모셨는데 전면 7단, 높이 7.15m의 석릉으로 사적 214호로 지정되어 있다.

◇ 11세 : 세종世宗 / 무력武力(518~579) / 무종武宗

532년 가락국이 신라에 병합되자 신라의 명장 이사부異斯夫와 북방 경략에 참여하여 신주 도독이 되었다. 554년 관산성 전투에서 백제군 3만 명을 격파하고 성왕을 전사케 하는 등 큰 공을 세워 최고의 무장으로 부상되었다. 그 후 지방 관직인 군주가 되었다. 47세때 서현舒玄을 낳고 579년 향년 62세로 서거했다. 울산 은월사와 양산 취산사에서 각각 위패를 모시고 향사를 받들고 있다.

◇12세 : 서현舒玄(564~629)

신라 26대 진평왕 때 태어난 수로왕의 12세손으로 김무력 장군의 아들이며 김유신 장군의 아버지이다. 진흥왕의 질녀인 만명萬明과 결혼했으며 만노군萬弩郡 태수로 임명되었다. 66세 때 무열왕의 아버지 김용춘金龍春과 함께 고구려 낭비성(충북 청주)을 공격하여 고구려군 6천여 명을 섬멸했으며 그 후 대량주(양산) 도독, 삽량주(합천) 총관을 역임했다. 울산 은월사와 양산 취산사에서 위패를 모시고 향사를 받들고 있다.

◇중시조 : 김유신金庾信 (AD 595~673년) / 김흠순金欽純

가락국 마지막 왕인 양왕讓王의 증손자로 태어났으니 김수로왕의 13세손이다. 15세에 화랑이 되고 17세에 삼한일통三韓一統을 결심하고 무예를 익힌 진충보국의 용장勇將으로서 뚜렷한 국가관과 뛰어난 지략으로 삼국통일의 위업을 달성하고 태대각간太大角干에 제수除授되었다. 문무왕 12년 78세를 일기로 타계했으며 162년 후인 신라 42대 흥덕왕 10년(서기 835) 흥무대왕興武大王으로 추봉되었다. 능묘는 경주시 충효동에 있으며 배위配位는 신라 29대 태종 무열왕의 딸인 지소부인智炤夫人이다. 1992년 능하에 숭무전崇武殿을 세우고 흥무대왕과 왕비 지소부인의 위패를 모시고 춘추로 향사를 받들고 있다.

김해김씨 율은공파

김해김씨는 중시조 흥무대왕(휘 김유신)의 5세손인 휘諱 장청長淸 이후 많은 파派를 형성하였는데 고려말 율은栗隱 휘 저佇의 후예들이 경북 예천을 중심으로 집성촌을 이루고 선생을 파조派祖로 삼아 율은공파栗隱公派를 형성하였다.

김해김씨 율은공파의 파조인 율은 김저 선생의 충절을 기린 표절사

이 표절사表節祠는 율은栗隱 김저金佇 선생의 위패位牌를 모신 곳이다.

율은 선생은 고려조의 충신으로서 조선 건국을 저지하려다가 1389년 순국하였다. 선생이 순국한 지 119년만인 1508년 조선 제11대 왕 중종은 선생의 충절을 기려 예천 미호에 사우祠宇를 짓고 선생의 위패를 모셔 표절사라 했다. 1864년 화재로 인해 불타 없어진 것을 1987년 후손들이 복원復元공사를 시작하여 1989년 완공하였다.

고려 충신 풍성군 율은 김저 선생 영정

정경부인 경주김씨 영정

김해김씨 율은공파

파조(1세)
저 金佇
(1304~1389)

가락국을 창건한 김수로왕은 김해김씨의 성조姓祖이시고, 삼한 일통을 이룩한 김유신金庾信: 興武大王으로 추봉 장군은 중시조이며 고려말 충신이신 김저 선생은 김해김씨 율은공파栗隱公派의 파조派祖이다. 고려 충렬왕 30년 장흥부長興府 벽계리碧溪里에서 출생하였다. 자字는 충국忠國, 호號는 율은栗隱, 손遜은 사명賜名이다. 최영崔瑩 장군의 생질이며 성균관成均館 대사성大司成, 예문관禮文館, 대제학大提學, 형조刑曹, 공조工曹, 예조禮曹, 전서典書를 거쳐 대호군大護軍을 지냈다. 이성계李成桂의 역성혁명易姓革命을 저지하려다가 1389년 옥사했다. 배위配位 정경부인貞敬夫人은 경주김씨 평장사平章事 김선장金善莊의 딸이다. 1508년 조선 중종中宗이 공의 절의를 기려 경북 예천 미호에 표절사表節祠를 짓고 향사를 모시게 했으나 1864년 소실되었다. 1993년 후손들이 중건重建하여 공을 비롯한 아들 전鈿·손자 두斜에 이르기까지 3대의 위패를 모시고 향사를 받들며 충절을 기리고 있다.

2세
전 鈿
(1320~1392)

충숙왕忠肅王 7년에 출생. 자字 광기光器, 호號는 계절당繼節堂이다. 공민왕恭愍王 때 문과에 급제 한림학사翰林學士 겸 예문관藝文館 대제학大提學 찬성사贊成事에 제수되었으나 공양왕恭讓王 4년 포은 정몽주鄭夢周가 피살됨을 보고 두문동杜門洞으로 들어가면서 정포은鄭圃隱과 같은 언덕에 묻히기를 원했다. 선부군先府君의 순국殉國에 분개한 공은 단식으로 돌아가셨으니 부친의 충절을 이었다하여 호號를 계절당繼節堂이라 하고 표절사表節祠에 배향配享되었다. 배위配位는 정부인貞夫人 풍천임씨豊川任氏이다.

3세 두라(斗羅) (1338~1400)

자字는 맹진孟振 호號는 퇴신재退愼齋이다. 포은 정몽주 선생에 수학受學하였고 공민왕 때 무과武科에 급제하여 평정도平定島의 왜구倭寇를 친 공으로 수문전修文殿 학사學士 겸 문하시중에 제수되었다. 태조太祖 이성계李成桂가 공의 재능을 탐내어 휘하에 둘 것을 여러 번 청했으나 끝내 응낙하지 않다가 조부祖父 율은공栗隱公이 해를 당한 후에는 국사에 관여치 않고 은퇴하였으나 공양왕恭讓王이 쫓겨났다는 말을 듣고 두문동杜門洞 제현을 따라 숨어 살았다. 만년에 예천 하리 은풍 율곡리에 숨어 살면서 학사고學士庫를 지어 가승家乘을 닦았으나 화재를 만나 모두 불타버리니 공은 통탄함을 이기지 못하여 불 속에 뛰어들어 자결했다. 부조父祖와 함께 표절사에 배향되고 배위配位는 정부인貞夫人 단양우씨丹陽禹氏이다.

4세 유의(愈義) (1384~1451)

자字는 공직公直, 호號는 잠고潛皐. 예천禮泉 하리下里 율곡栗谷에서 태어나 별동別洞 윤상尹祥 선생에게 사사師事하였다. 조선 정종定宗 때 문과에 급제하여 통훈대부通訓大夫 예빈사禮貧寺 별제別提로 제수除授되었으나 모부인母夫人이 새 조정朝廷을 섬기지 말라는 선훈先訓이 있었음을 상기시키고 꾸짖으니 공公은 선훈先訓을 모르는 바 아니나 집안의 쇠락을 걱정해서 출사出仕했음을 말하였으나 모훈母訓에 감복하여 드디어 출사出仕의 뜻을 끊고 거처하는 집을 잠고潛皐라 하였다. 배위配位 숙부인淑夫人 금천서씨衿川徐氏이다.

5세 순지(順志) (1422~1508)

자字는 효양孝養, 호號는 사맹司猛이다. 세종世宗 때 무과에 급제하여 선전관宣傳官이 되었다. 1498년 충찬위진용교위忠贊衛進勇校尉에 제수除授되었다. 1503년 선략장군宣略將軍이 되었는데 왜

구왜구寇를 격파한 공으로 원종공신原從功臣, 어모장군禦侮將軍으로 제수除授되었다. 배위配位 숙부인淑夫人 선산김씨善山金氏이다.

6세
계원繼元:栗湖 (1455~1527)
계형繼亨:能湖

자字 선장善長, 호號는 율호헌栗湖軒이다. 단종端宗 3년에 출생, 서울 별음別蔭 윤수생尹遂生: 別洞 尹祥의 손자孫子에 사사師事한 인연으로 별동別洞 윤선생의 유적지인 미흘彌屹: 미울에 터를 잡고 장인丈人은 동쪽에, 사위인 공은 서쪽에 세거하게 되었다. 율호헌栗湖軒을 짓고 선조의 유적이 없어진 것을 한탄하여 널리 전설을 모으고 두루 수합하여 율은栗隱 선조 3대의 사적史蹟을 밝히니 중종中宗 3년(1508)년 조정朝廷에서 표절사表節祠를 세워 위패를 봉안케 하였다. 1509년 장사랑將仕郎에 기자전箕子殿 참봉參奉이 되고 73세에 타계하였다. 배위配位는 예천윤씨醴泉尹氏 별동別洞 윤상尹祥의 손녀孫女이다.

7세
천령千齡 (1494~1574)

자字 춘경春卿, 호號는 자소옹自笑翁이다. 성종成宗 25년에 출생하여 음보蔭補로 통례원인의通禮院引儀를 지냈고 증손曾孫 영진英震의 수자壽資로 통훈대부通訓大夫 사복시정司僕寺正에 추증追贈되었다. 배위配位 숙부인淑夫人 고성이씨固城李氏, 숙인淑人 파평윤씨坡平尹氏이다.

8세
성물成物 (1561~1647)
생물生物:湖南

자字 지숙智叔. 호號는 호서湖西. 명종明宗 16년에 출생하여 10세에 가정에 큰 재난을 당하여 노복에게 의탁되어 외롭게 성장했다. 외모가 준수하였으나 외유내강의 성격이었다. 병자丙子, 정묘丁卯호란 때 서미동西美洞으로 피난하였다가 피난지에서 청음淸陰 김상헌金尙憲의 큰 도움을 입고 난이 평정된 뒤 수직壽職으

로 행첨지중추부사行僉知中樞府事 부호군副護軍을 받고 87세로 타계하였다. 손자 영진英震이 현달함으로써 통정대부通政大夫 승정원承政院 좌승지左承旨 겸 경연참찬經筵參贊에 추증되었다. 배위配位 숙부인淑夫人 예천임씨醴泉林氏이다.

홍도弘道:眉圃 〈宗家〉
9세
이도以道 1604~1677 〈次宗家〉

자字 열지悅之, 호號는 미산眉山. 선조宣祖 37년에 출생. 경당敬堂 장張興孝 선생의 문하門下에서 수학受學하셨고 음보蔭補로 장사랑將仕郎이 되셨다. 숙종肅宗 3년에 돌아가시니 수壽는 74세였다. 아들 영진英震이 현달하게 되자 가선대부嘉善大夫 호조참판戶曹參判 겸 동지의금부사同知義禁府事에 추증되었다. 배위配位 정부인貞夫人 원주변씨原州邊氏이다.

10세
영진英震 (1629~1723)
영태英兌:友巖 〈웅천파〉

자字 용백龍伯, 호號 매죽헌梅竹軒. 인조仁祖 7년에 탄생하였다. 1648년 생원生員이 되었다. 1708년 회방回榜과 회혼回婚 그리고 수직壽職 등 3가지 경사慶事가 일시에 겹쳤다. 이때 여러 명현名賢이 지은 창록唱錄이 있고 덕행德行과 학식學識으로서 통정대부通政大夫 절충장군折衝將軍 첨지중추부사僉知中樞府事에 올랐으며 수직壽職으로 가선대부嘉善大夫에 올랐다. 경종景宗 3년에 타계하니 수壽 95세였다. 증贈 호조참판戶曹參判 겸 의금부義禁府 부총관副摠管이었다. 배위配位 정부인貞夫人 월성이씨月城李氏이다.

율은공파 삼가공 가계

11세 삼가공三嘉公

화중華重
1656~1743
(종해)

자字 사옹士雄, 호號는 미천眉泉. 효종孝宗 7년에 탄생했다.
학행과 문장이 뛰어나 숙종肅宗 13년(1687)년에 문과에 급제, 승문원承文院 교리校理 행통훈대부行通訓大夫 지구례삼가현知求禮三嘉縣 첨중추부사僉中樞府事를 역임했다.
영조 19년(1743)년에 타계하니 수壽 88세였다.
묘墓 호명면 황지동 희곡 보문 신월 내 건너 호골 상봉. 증贈 가선대부嘉善大夫 예조참판禮曹參判이었고, 배配 증贈 정부인貞大夫 순흥안씨順興安氏이다.

12세

길구吉龜
1684~1770

자字 경직敬則, 호號는 묵옹黙翁. 숙종肅宗 10년 출생.
통덕랑通德郞 행가선대부동중추부사行嘉善大夫同中樞府事이며 문학으로서 이름이 높았다.
영조英祖 46년 타계하니 수壽 86세였다. 묘墓 간방동 돌정골 배위配位 증贈 정부인貞夫人 해주정씨海州鄭氏이다.

13세

광려光礪
1732~1799

자字 기천器天, 호號는 백산白山. 영조英祖 8년에 출생.
통덕랑通德郞 문학文學으로서 세상에 이름이 높았다. 정조正祖 23년에 타계하니 수壽 68세였다.
묘墓 보문면 구간곡하백호최고봉손좌舊澗谷下白虎最高奉巽坐. 배위配位는 공인恭人 경주손씨慶州孫氏이다.

14세
헌필憲弼
1765~1837

자字 이겸耳兼, 영조英祖 41년에 출생하였고, 헌종憲宗 3년에 타계하였다. 묘墓는 석정동해좌石井洞亥坐 배위配位 풍천임씨豊川任氏.

15세
세범世範
1788~1817

생부生父는 천필天弼이니 석구錫龜의 손자孫子이다.
자字는 현여顯女, 정조定祖 12년에 출생하여 순조純祖 17년에 타계他界하니 향년享年 30세였다. 묘墓는 미호리초현내청룡신좌眉湖里草峴內靑龍辛坐. 배위配位 인동장씨仁同張氏, 묘 쌍분.

16세
재구在九
1817~1875

자字 기서箕叙. 순조純祖 17년에 출생하여 고종高宗 12년에 타계他界하니 향년享年 59세이다. 묘墓는 동막東幕 불당佛堂 등월사등전유좌嶝越便嶝田西坐. 배위配位 안동김씨安東金氏이다.

17세
용준鎔濬
1859~1900

자字 치서致叙. 철종哲宗 10년 11월 27일 출생하여 고종高宗 37년 2월 4일 타계他界. 향년 42세. 묘墓는 미호동眉湖洞 웃골 밭 우편 축좌丑坐.
배配 영천이씨永川李氏. 1865년 11월 20일생. 1947년 3월 3일 졸卒. 수壽 83세. 묘墓는 동막 불당 등월사嶝越便 유좌西坐.

18세
창병昌柄
1898~1941

자字 문보文輔. 고종高宗 35년(광무光武 2년) 3월 8일생.
1941년 2월 22일 졸卒. 향년 44세. 묘墓 미호 웃골 밭 우편 건좌乾坐. 배配 경주김씨慶州金氏, 1896년 12월 4일생. 1971년 11월 19일 졸卒. 수壽 76세. 묘墓 미호동眉湖洞 상곡래上谷來 용평전龍平田 선영우계좌先塋右癸坐.

19세
두형斗瀅
1915~1995

초명初名 두형斗瀅. 관명은 두형斗亨, 자字 규집圭集. 1915년 2월 16일생, 1934년 예천공립보통학교를 졸업. 1937년 전주이씨 이원녀와 혼인. 전주이씨全州李氏 원녀源女는 용문 구계동에서 1917년 2월 14일 이름난 선비 동운桐雲 이순행李淳行과 안동권씨의 장녀로 태어났다.

1995년 6월 15일 타계하니 수壽 79세였다. 그해 6월 25일 뒤를 따르니 수 81세였다. 묘는 보성초등학교를 정면으로 오른편 밭 언덕에 부부夫婦가 나란히 안장되어 있다.

20세

춘희春熙	시우時佑	시백時伯	숙희淑熙	시열時烈
1941.9	1943.11.26	1953.12.29	1958.4.13	1962.2.10

좁쌀 10알로 일군 살림 김두형

지은이 / 김시우 · 김시백 · 김숙희 · 김시열
발행인 / 김영란
발행처 / **한누리미디어**
디자인 / 엔아트(ANART)

08303, 서울시 구로구 구로중앙로18길 40, 2층(구로동)
전화 / (02)379-4514, 379-4519
Fax / (02)379-4516
E-mail/hannury2003@daum.net

·

신고번호 / 제 25100-2016-000025호
신고연월일 / 2016. 4. 11
등록일 / 1993. 11. 4

·

초판발행일 / 2025년 5월 10일

·

ⓒ 2025 김시우 외 Printed in KOREA

·

값 20,000원

※잘못된 책은 바꿔드립니다.
※저자와의 협약으로 인지는 생략합니다.

ISBN 978-89-7969-898-5   03010